Magosha Fréquelin
Attachée de coopération pour le français
Ambassade de France en Thaïlande

Marie Gouelleu
Ingénieure pédagogique à France Éducation international

Références des images

8 (h1) lotus_studio - stock.adobe.com; **8** (h2) camellias - stock.adobe.com; **8** (h3) grafikplusfoto - stock.adobe.com; **8** (h4) Odua Images - stock.adobe.com; **8** (b1) New Africa - stock.adobe.com; **8** (b2) Oleksii Kohut - stock.adobe.com; **8** (b3) Pixelot - stock.adobe.com; **8** (b4) Patryssia - stock.adobe.com; **8** (m) RichLegg - iStockphoto; **9** Nicholas Felix/peopleimages.com - stock.adobe.com; **12** (a) lotus_studio - stock.adobe.com; **12** (b) camellias - stock.adobe.com; **12** (c) grafikplusfoto - stock.adobe.com; **12** (d) Odua Images - stock.adobe.com; **12** (e) cynoclub - stock.adobe.com; **12** (f) Marion Wear - stock.adobe.com; **13** (a) New Africa - stock.adobe.com; **13** (b) Oleksii Kohut - stock.adobe.com; **13** (c) Pixelot - stock.adobe.com; **13** (d) Patryssia - stock.adobe.com; **13** (e) 3DMAVR - iStockphoto; **13** (f) pixelrobot - stock.adobe.com; **13** (g) New Africa - stock.adobe.com; **13** (h) ksena32 - stock.adobe.com; **13** (bg1) Image Source - iStockphoto; **13** (bg2) SolStock - iStockphoto; **13** (bg3) Ranta Images - stock.adobe.com; **13** (bg4) bmcent1 - iStockphoto; **13** (bg5) SolStock - iStockphoto; **13** (bg6) ptasha - stock.adobe.com; **15** (b1) Hide_Studio - stock.adobe.com; **15** (b2) Ole Mathisen/Alamy ; **15** (b3) Savvapanf Photo - stock.adobe.com; **15** (b4) Popova Olga - stock.adobe.com; **15** (b5) pioneer111 - stock.adobe.com; **15** (b6) freshidea - stock.adobe.com; **20** (b1) unpict - stock.adobe.com; **20** (b2) Gaetan Soupa - stock.adobe.com; **20** (b3) M.studio - stock.adobe.com; **21** (h1) Zoran - stock.adobe.com; **21** (h2) PRPicturesProduction - stock.adobe.com; **21** (h3) Mathilde MAZARS/Réa; **23** (md) Patrick ALLARD/Réa; **23** (hd) Agencja Fotograficzna Caro/Alamy; **25** deagreez - stock.adobe.com; **29** (1) taddle - stock.adobe.com; **29** (2) mariesacha - stock.adobe.com; **29** (3) Andrzej Tokarski - stock.adobe.com; **29** (4) BillionPhotos.com - stock.adobe.com; **29** (5) dule964 - stock.adobe.com; **29** (6) PL.TH - stock.adobe.com; **29** (7) pixelrobot - stock.adobe.com; **29** (8) Julián Rovagnati - stock.adobe.com; **29** (9) viperagp - stock.adobe.com; **29** (10) Laymanzoom - stock.adobe.com; **30** Freepik; **31** Freepik; **31** (b1) highwaystarz - stock.adobe.com; **31** (b2) courtneyk - iStockphoto; **31** (b3) shironosov - iStockphoto; **31** (b4) FatCamera - iStockphoto; **32** Freepik; **33** (h) Freepik; **33** (b1) PackShot - stock.adobe.com; **33** (b2) seiler - stock.adobe.com; **33** (b3) «Jean-Pierre de Leusse» - iStockphoto; **34** (hd) Maksim Kostenko - stock.adobe.com; **35** (hd) - stock.adobe.com; **36** (hm) Freepik; **36** (b1) PUNTOSTUDIOFOTO Lda - stock.adobe.com; **36** (b2) karandaev - stock.adobe.com; **36** (b3) Okea - stock.adobe.com; **37** (hm) Freepik; **37** (hd) Romolo Tavani - stock.adobe.com; **37** (b1) Africa Studio - stock.adobe.com; **37** (b2) Suzi Media - stock.adobe.com; **37** (b3) FatCamera - iStockphoto; **38** (b1) Ole Mathisen/Alamy ; **38** (b2) spaxiax - stock.adobe.com; **38** (b3) Oleksandr Delyk - stock.adobe.com; **38** (hm) klyaksun - stock.adobe.com; **39** (hd) lemono - stock.adobe.com; **39** (b1) sommai - stock.adobe.com; **39** (b2) Praewphan - stock.adobe.com; **39** (b3) Tim UR - stock.adobe.com; **40** (bm) VectorBum - stock.adobe.com; **40** (hd) RichLegg - iStockphoto; **41** (b1) Awais05 - stock.adobe.com; **41** (b2) rendixalextian - iStockphoto; **41** (b3) Eskemar - iStockphoto; **41** (b4) Robert Kneschke - stock.adobe.com; **43** Gratsias Adhi Hermawan - iStockphoto; **46** Graines de cheffe de Lily Lamotte (Auteur), Ann Xu (Illustrations) - © Rue de Sèvres; **47** Le club de la pluie dans le train de la peur de Malika Ferdjoukh (Auteur), Cati Baur (Illustrations) - © L'école des Loisirs; **48** Freepik; **49** Freepik; **50** (bd) Freepik; **51** (bd) Freepik; **53** (hd) Tupungato - stock.adobe.com; **53** (md) Trombax - stock.adobe.com; **53** (mm1) Anastasiia Makovskaia - iStockphoto; **53** (mm2) Jacques Loïc / Photononstop; **55** Deepak Sethi - iStockphoto; **58** (hd) SeventyFour - iStockphoto; **58** (md) Andrea Kessler - iStockphoto; **58** (b1) SolStock - iStockphoto; **58** (b2) K.A. peopleimages.com - stock.adobe.com; **58** (b3) Syda Productions - stock.adobe.com; **59** (1) Fabricio UZ - stock.adobe.com; **59** (2) Savvapanf Photo - stock.adobe.com; **59** (3) serbogachuk - stock.adobe.com; **59** (4) GoSlow - stock.adobe.com; **59** (5) Liudmila Chernetska - iStockphoto; **59** (6) Magone - iStockphoto; **59** (7) Magone - iStockphoto; **59** (8) baibaz - stock.adobe.com; **59** (9) sergeyyrev - stock.adobe.com; **59** (10) Pakhnyushchyy - stock.adobe.com; **59** (11) Elnur - stock.adobe.com; **59** (11) Elnur - stock.adobe.com; **59** (12) StockPhotosArt - stock.adobe.com; **60** (bg) Freepik; **60** (hd) Freepik; **63** (1) Natalia Mylova - stock.adobe.com; **63** (2) FOOD-micro - stock.adobe.com; **63** (3) uckyo - stock.adobe.com; **63** (4) Mny-Jhee - stock.adobe.com; **63** (5) illustrez-vous - stock.adobe.com; **63** (6) by-studio - stock.adobe.com; **64** (1) Dmitry Naumov - stock.adobe.com; **64** (2) StockPhotosArt - iStockphoto; **64** (3) Lydie LECARPENTIER/Réa; **64** (4) jojje11 - stock.adobe.com; **64** (4) Lori Labrecque - stock.adobe.com; **64** (5) JackF - stock.adobe.com; **64** (6) Taeksang - stock.adobe.com; **64** (6) Siberica - stock.adobe.com; **65** (1) Wavebreakmedia - stock.adobe.com; **65** (2) kalig - iStockphoto; **65** (3) Philippe Turpin / Photononstop; **65** (4) brittak - iStockphoto; **65** (5) Angela Bragato - stock.adobe.com; **65** (6) Pierrick - stock.adobe.com; **67** (hd) AzmanL - iStockphoto; **67** (md) BAREA Carmen / hemis.fr; **67** (b1) Benjamin LEFEBVRE - stock.adobe.com; **67** (b2) coco - stock.adobe.com; **67** (b3) by-studio - stock.adobe.com; **67** (b4) maceofoto - stock.adobe.com; **67** (b5) photocrew - stock.adobe.com; **74** Studio-Pro - stock.adobe.com; **76** winvic - stock.adobe.com; **76** tutti_frutti - stock.adobe.com; **80** zaie - stock.adobe.com; **81** (m3) Владимир Маевский - stock.adobe.com; **82** Freepik; **85** (h1) Natalia Lavrenteva - iStockphoto; **85** (h2) Anna - stock.adobe.com; **85** (h3) Jobalou - stock.adobe.com; **85** (h4) PikePicture - stock.adobe.com; **85** (h5) Anna - stock.adobe.com; **85** (h6) Oksana - stock.adobe.com; **91** (bg1) Image Source - iStockphoto; **91** (bg2) SolStock - iStockphoto; **91** (bg3) Ranta Images - stock.adobe.com; **91** (bg4) bmcent1 - iStockphoto; **91** (bg5) SolStock - iStockphoto; **91** (bg6) ptasha - stock.adobe.com; **92** (1) BillionPhotos.com - stock.adobe.com; **92** (2) pixelrobot - stock.adobe.com; **92** (3) viperagp - stock.adobe.com; **92** (4) taddle - stock.adobe.com; **92** (5) PL.TH - stock.adobe.com; **93** (bd) Anastasiia Makovskaia - iStockphoto; **93** (bd) Jacques Loïc / Photononstop.

Maquette couverture et intérieure: Primo & Primo
Directrice artistique: Christelle Daubignard
Mise en page: Joëlle Parreau
Cheffe de Studio: Morgane Tachot
Édition: Évelyne Doan
Coordination éditoriale: Isabelle Widemann
Iconographie: Aurélia Galicher - Hatier illustration
Illustrations: Céline Bouvier (couverture, p. 10-12, 18-19, 22-23, 26-27, 40, 44-45, 50-52, 56-57, 66, 69-73, 83), Élise Catros (p. 10, 14, 16, 32-33, 47), Laura Csajagi (p. 17, 20-21, 61-62), Marygribouille (p. 34-35, 77, 84-85)
Enregistrements et montage: Studio Lumiiq

« Le photocopillage, c'est l'usage abusif et collectif de la photocopie sans autorisation des auteurs et des éditeurs. Largement répandu dans les établissements d'enseignement, le photocopillage menace l'avenir du livre, car il met en danger son équilibre économique. Il prive les auteurs d'une juste rémunération. En dehors de l'usage privé du copiste, toute reproduction totale ou partielle de cet ouvrage est interdite. »

« La loi du 11 mars 1957 n'autorisant, au terme des alinéas 2 et 3 de l'article 41, d'une part, que les copies ou reproductions strictement réservées à l'usage privé du copiste et non destinées à une utilisation collective » et, d'autre part, que les analyses et les courtes citations dans un but d'exemple et d'illustration, « toute représentation ou reproduction intégrale, ou partielle, faite sans le consentement de l'auteur ou de ses ayants droit ou ayants cause, est illicite. » (alinéa 1er de l'article 40) « Cette représentation ou reproduction, par quelque procédé que ce soit, constituerait donc une contrefaçon sanctionnée par les articles 425 et suivants du Code pénal. »

© Didier FLE, une marque des éditions Hatier, Paris 2024
ISBN : 978-2-278-10659-2
Achevé d'imprimer en Espagne par Macrolibros (Valladolid) en mars 2025
Dépôt légal : 10659/02

éditions Didier s'engage pour l'environnement en réduisant l'empreinte carbone de ses livres. Celle de cet exemplaire est de : 400 g éq. CO_2
Rendez-vous sur www.editionsdidier-durable.fr

Avant-propos

— Qu'est-ce que le DELF Prim ?

Le DELF est un diplôme officiel en français langue étrangère du ministère français de l'Éducation nationale. Le diplôme est reconnu dans le monde entier, et il est valable à vie.

Le DELF Prim s'adresse à tous les enfants débutants en français langue étrangère, engagés dans des études correspondant au niveau élémentaire ou de l'âge requis pour les poursuivre selon la réglementation en vigueur dans leur pays (de 7/8 à 10/11 ans). Pour les enfants, le DELF est avant tout un diplôme de reconnaissance et de motivation. C'est aussi un investissement pour l'avenir des plus jeunes.

— Quels sont les niveaux du DELF Prim ?

Le DELF Prim se compose de 3 diplômes indépendants les uns des autres correspondant aux niveaux élémentaires du Cadre commun de référence pour les langues (CECRL) : DELF Prim A1.1, DELF Prim A1 et DELF Prim A2.

Chaque diplôme évalue les quatre compétences : compréhension et production orales, compréhension et production écrites. L'obtention de la moyenne (50 points sur 100) à l'ensemble des épreuves permet la délivrance du diplôme correspondant.

— Où passer le DELF Prim ?

Vous pouvez passer le DELF Prim dans 173 pays. Vous devez vous inscrire dans un des 1 200 centres d'examen agréés par France Éducation international. Pour trouver un centre et connaître les dates des examens, consultez le site internet de France Éducation international : www.france-education-international.fr

Comment se préparer ?

Ce livre peut être utilisé en autonomie ou en classe avec un(e) enseignant(e). Il est réparti en quatre compétences comme l'examen.
Nous vous proposons une démarche en quatre étapes :

▶ **Comprendre** : une double-page qui présente l'épreuve par compétence, les savoir-faire et les exercices, accompagnés de conseils méthodologiques.

▶ **Se préparer** : des activités pour acquérir les savoir-faire indispensables pour réussir.

▶ **S'entraîner** : des activités proches de l'examen pour se familiariser avec les épreuves.

▶ **Prêt pour l'examen !** pour mémoriser l'essentiel — vocabulaire, grammaire, savoir-faire —, découvrir la réalité quotidienne des petits Français et s'auto-évaluer.

Alors, prêt(e) pour l'examen ?

Sommaire

1 Compréhension de l'oral 9

Comprendre 10

Se préparer 12
1. Je peux comprendre des informations simples 12
2. Je peux comprendre des situations simples 13
3. Je peux comprendre un message 15

S'entraîner 16

Prêt pour l'examen ! 22

2 Compréhension des écrits 25

Comprendre 26

Se préparer 28
1. Je peux comprendre un message personnel 28
2. Je peux comprendre des instructions simples 29
3. Je peux comprendre une affiche 30
4. Je peux comprendre un court article 31

S'entraîner 32

Prêt pour l'examen ! 40

3 Production écrite 43

Comprendre 44

Se préparer 46
1. Je peux compléter un formulaire 46
2. Je peux rédiger un message simple 46

S'entraîner 48

Prêt pour l'examen ! 52

4 Production orale 55

Comprendre 56

Se préparer 58

1. Je peux parler de moi 58
2. Je peux raconter et échanger à propos d'un événement 58
3. Je peux demander, choisir quelque chose 59

S'entraîner 60

Prêt pour l'examen ! 66

5 Épreuve blanche 69

Épreuve blanche du DELF Prim 69

Grilles d'évaluation de la production (écrite et orale) 86

Transcriptions 88
Corrigés 91

S'informer sur le DELF

L'examen du DELF, comment ça se passe ?

L'examen dure 1 h 35. Il y a une épreuve pour chacune des quatre compétences. Il y a des épreuves collectives et une épreuve individuelle (production orale).

▶ Tu vas passer les 3 épreuves collectives dans l'ordre suivant :

1. **La compréhension de l'oral :** écouter et compléter les questionnaires.
2. **La compréhension des écrits :** lire des documents et compléter les questionnaires.
3. **La production écrite :** remplir un formulaire et écrire des phrases simples sur un sujet de la vie quotidienne.

▶ Tu vas passer l'épreuve individuelle, la production orale, en trois temps :

1. **L'entretien dirigé :** répondre aux questions de l'examinateur pour parler de soi.
2. **L'échange d'informations :** décrire les dessins et raconter l'histoire choisie par l'examinateur.
3. **Le dialogue simulé :** tirer au sort 2 sujets et participer à un jeu de rôle avec l'examinateur pour choisir un objet, un plat ou des activités.

Entraîne-toi dans les conditions réelles de l'examen avec une épreuve blanche complète à la fin de l'ouvrage, à partir de la page 69.

Les grilles d'évaluation de la production écrite et de la production orale se trouvent aux pages 86-87.

Qu'est-ce que le niveau A1 ?

Le *Cadre européen commun de référence pour les langues* définit le niveau A1 comme celui d'un utilisateur élémentaire qui :

- peut comprendre et utiliser des expressions familières et quotidiennes ainsi que des énoncés très simples qui visent à satisfaire des besoins concrets.
- peut se présenter ou présenter quelqu'un et poser à une personne des questions la concernant – par exemple, sur son lieu d'habitation, ses relations, ce qui lui appartient, etc. – et peut répondre au même type de questions.
- peut communiquer de façon simple si l'interlocuteur parle lentement et distinctement et se montre coopératif.

DELF Prim A1

Niveau A1 du *Cadre européen commun de référence pour les langues*

Voici le détail des 4 épreuves :

Nature des épreuves	Durée	Note sur
Compréhension de l'oral Réponse à des questionnaires de compréhension portant sur trois ou quatre très courts documents enregistrés ayant trait à des situations de la vie quotidienne (deux écoutes). *Durée maximale des documents : 3 minutes*	20 minutes environ	…/25
Compréhension des écrits Réponse à des questionnaires de compréhension portant sur quatre ou cinq documents écrits ayant trait à des situations de la vie quotidienne.	30 minutes	…/25
Production écrite Épreuve en deux parties : – compléter une fiche, un formulaire ; – rédiger des phrases simples (cartes postales, messages, légendes, etc.) sur des sujets de la vie quotidienne.	30 minutes	…/25
Production orale Épreuve individuelle en trois parties : – entretien dirigé ; – échange d'informations ; – dialogue simulé.	5 à 7 minutes (15 minutes au total avec le temps de réflexion)	…/25
	NOTE TOTALE	…/100

Seuil de réussite pour obtenir le diplôme : **50/100**
Note minimale requise par épreuve : **5/25**
Durée totale des épreuves collectives : **1 heure et 20 minutes**

Comprendre les consignes et les pictogrammes

• Pour chaque exercice, une phrase t'explique comment tu dois faire l'exercice : c'est **la consigne**. Exemple : **Lis les 4 questions. Regarde les dessins.**

➡ Avant de commencer l'exercice, **lis bien la consigne**, elle est très importante.

Quand tu vois ce pictogramme **écoute** le message ou le dialogue.

• Pour chaque question, **regarde bien le pictogramme** :

 **entoure** la bonne réponse.
Exemple : **Quel est l'animal préféré d'Arthur ?**

 **relie** le texte au bon dessin.
Exemple : **Trouve l'ami de Julien.**

 **coche** la bonne réponse (1 bonne réponse).
Exemple : **Qu'est-ce que Lina apporte ?**

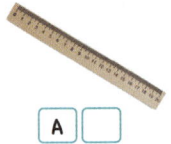   
A ☐   B ☐   C ☐   D ☒

➡ Si tu fais une erreur, tu peux corriger. **Coche et entoure ta nouvelle réponse.**
Le correcteur comprend maintenant ta réponse !

 **écris un numéro** (1, 2, 3 ou 4).
Exemple : **Note le numéro du dialogue sous le dessin correspondant**

A Dialogue n° 1

 **écris la réponse.**
Exemple : **À quelle heure est la fête ?**
À 15 h.

Compréhension de l'oral

Comprendre

L'épreuve

La compréhension de l'oral est la première épreuve de l'examen du DELF Prim A1.

→ Comprendre des informations simples

→ Comprendre des situations simples

→ Comprendre un message sur le répondeur

Nombre d'exercices : 3

Nombre d'écoutes : 2

Durée : 20 minutes

Les savoir-faire

Comprendre des informations simples sur les préférences de quelqu'un

(ce qu'il ou elle aime ou n'aime pas)

Exemple :

Message n°......

Comprendre des situations simples de la vie quotidienne

Exemple :

Dialogue n°......

Comprendre des informations et des instructions sur un événement ou une activité

Exemple :
Qu'est-ce que vous apportez ?
☐ Des fruits.
☐ Des bonbons.
☐ Des boissons.

Compréhension de l'oral

Les exercices

Exercice 1

J'écoute 5 petits messages d'un **enfant** qui parle de ses goûts.

Attention, le premier message est un exemple.

Je dois noter le numéro **du message** à côté du dessin correspondant.

Nombre de points : 8 (2 points par message)

Durée : 5 minutes environ

Exercice 2

J'écoute 4 petits dialogues entre deux personnes.

Je dois noter le numéro **du dialogue** sous le dessin correspondant.

Nombre de points : 8 (2 points par message)

Durée : 5 minutes environ

Exercice 3

J'écoute **un message simple** avec des informations et des instructions.

Je dois écrire une réponse courte.

Par exemple : 15 heures ; le judo ; avec son père.

Je dois cocher la bonne réponse (A, B ou C).

Attention, il y a une seule réponse possible !

Nombre de points : 9 (4 questions de 2 ou 3 points)

Durée : 10 minutes environ

Les conseils

Lis les consignes des exercices avant de commencer.

Exercices 1 et 2

Avant l'écoute, regarde bien les dessins : Qu'est-ce que les personnages font ? Quels objets est-ce que tu vois ? Où est-ce que la situation se passe ?

Exercice 3

Avant l'écoute, lis les questions et regarde les dessins.
Ils donnent beaucoup d'informations pour t'aider à comprendre le message.

➡ Il y a deux écoutes. **Pendant la première écoute, écoute bien les messages :** Qui parle ? Qui est qui ? Qui fait quoi ? Commence à répondre aux questions.

Pendant la seconde écoute (la dernière), relis tes réponses, corrige et/ou termine l'exercice.
Tu peux aussi écrire les chiffres et les mots importants sur une feuille de brouillon.

Se préparer

1 Je peux comprendre des informations simples

Activité 1

Regarde les dessins et **nomme** chaque animal. **Écoute** Lina.
Quel est son animal préféré ?

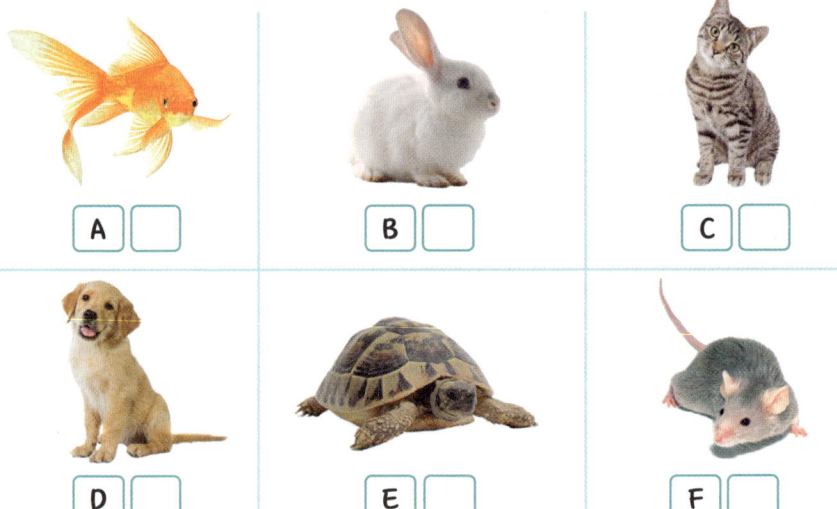

Activité 2

Regarde les dessins et **nomme** chaque aliment. **Écoute** Mehdi.
Qu'est-ce qu'il prend pour le petit déjeuner ? **Entoure** les aliments sur le dessin.

Compréhension de l'oral

Activité 3 🔊 3

✏️ **Regarde** les dessins. **Écoute** la maman de Zoé. **Aide** Zoé à préparer ses affaires pour l'école. **Coche** ce qu'elle doit mettre dans son cartable.

A ☐	B ☐	C ☐	D ☐
E ☐	F ☐	G ☐	H ☐

2 Je peux comprendre des situations simples

Activité 4 🔊 4

✏️ **Écoute** le dialogue et **trouve** la famille de Basile, comme dans l'exemple.

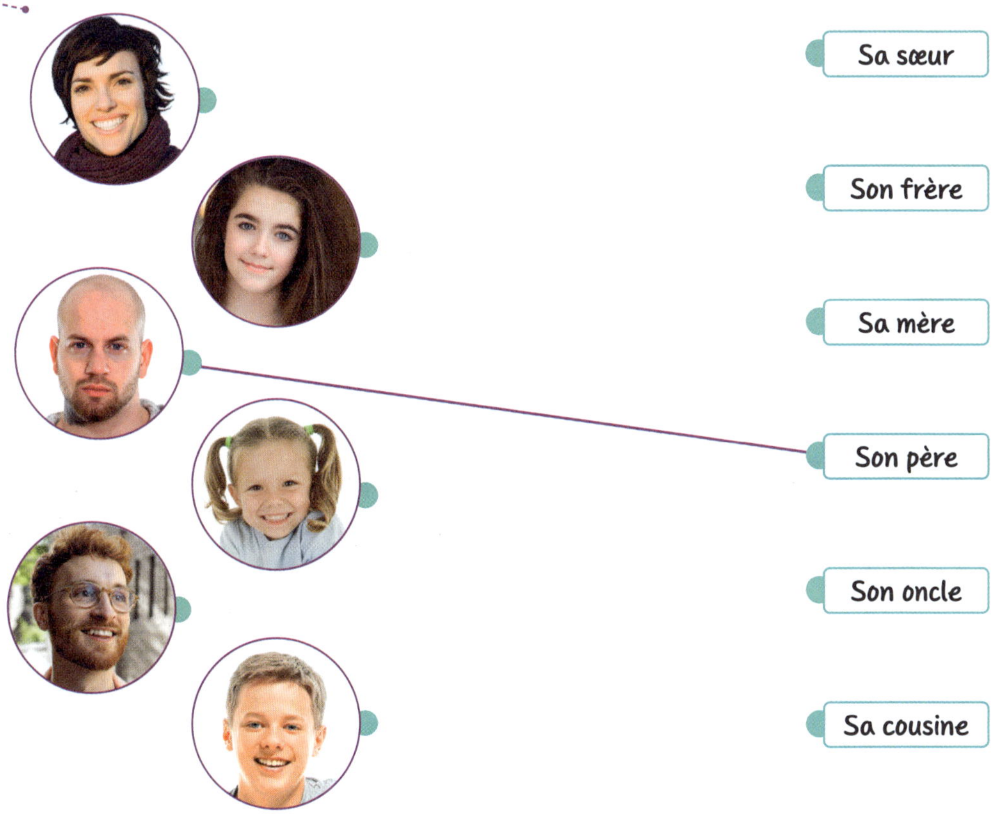

- Sa sœur
- Son frère
- Sa mère
- Son père
- Son oncle
- Sa cousine

13

Se préparer

Activité 5

Louis et Juliette parlent de leurs activités. **Lis** les questions. **Écoute** les messages et **coche** la bonne réponse.

1. La sortie avec la classe est où ?

A ☐   B ☐   C ☐

2. Juliette fait quel sport le mardi ?

A ☐   B ☐   C ☐

3. Louis va où mercredi ?

A ☐   B ☐   C ☐

Compréhension de l'oral

3. Je peux comprendre un message

Activité 6

Lis les questions. **Écoute** les messages et réponds aux questions.

Message n°1	Message n°2
1. L'anniversaire de Fida est quel jour ?	1. Quelle est la date de la fête de l'école ?
....	....
2. L'anniversaire est à quelle heure ?	2. La fête est à quelle heure ?
....	....

Activité 7

Lis les questions. **Écoute** le message et **réponds** aux questions.

1. Qu'est-ce que Babacar apporte ?

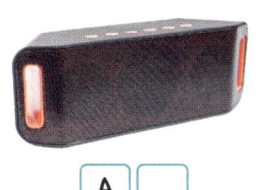
A ☐

B ☐

C ☐

2. Qu'est-ce que Kenzo prend ?

A ☐

B ☐

C ☐

3. Qu'est-ce que Flora apporte ?

....

S'entraîner

1 Je peux comprendre des informations simples

Exercice 1   6 points

Regarde les dessins. **Écoute** les messages et **note** le numéro du message, comme dans l'exemple.

Exemple : Tu entends :

Message n°1 : Salut, je m'appelle Louis. Ma matière préférée, c'est la musique. Mais je n'aime pas les mathématiques, c'est trop difficile.

Tu écris 1 à côté des dessins correspondants.

Attention, nous commençons ! Écoute bien.

A   Message n° 1

B   Message n°......

C   Message n°......

D   Message n°......

Compréhension de l'oral

Exercice 2  8 points

 Regarde les dessins. **Écoute** les messages et **note** le numéro du message. Attention, nous commençons ! **Écoute** bien.

A   Message n°……

B   Message n°……

C   Message n°……

D   Message n°……

S'entraîner

2 **Je peux comprendre des situations simples**

Exercice **3**   8 points

Regarde les dessins. Écoute les dialogues et note le numéro du dialogue sous le dessin correspondant.
Attention, nous commençons ! Écoute bien.

A Dialogue n°........

B Dialogue n°........

C Dialogue n°........

D Dialogue n°........

Compréhension de l'oral

8 points

Regarde les dessins. **Écoute** les dialogues et **note** le numéro du dialogue sous le dessin correspondant.

Attention, nous commençons ! **Écoute** bien.

A Dialogue n° ....

B Dialogue n° ....

C Dialogue n° ....

D Dialogue n° ....

S'entraîner

3 Je peux comprendre un message

Exercice 5 　　　　　　　　　9 points

Lis les 4 questions. **Regarde** les dessins. **Écoute** le message et **réponds** aux questions.

Attention, nous commençons ! **Écoute** bien.

1. Où est-ce que Pablo t'invite dimanche ?

A ☐　　　　　　B ☐　　　　　　C ☐

2. Tu vas passer la journée avec Pablo et…
   ☐ sa tante.
   ☐ sa cousine.
   ☐ sa grand-mère.

3. Qu'est-ce que tu vas manger pour le goûter ?

A ☐　　　　　　B ☐　　　　　　C ☐

4. Qu'est-ce que tu apportes ?

....

Compréhension de l'oral

Exercice 6   9 points

Lis les 4 questions. **Regarde** les dessins. **Écoute** le message et **réponds** aux questions.
Attention, nous commençons ! **Écoute** bien.

1. Où est-ce que tu vas aujourd'hui ?

 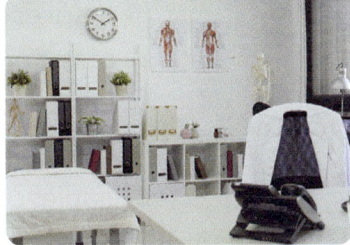 

A ☐   B ☐   C ☐

2. Qu'est-ce que Manon va faire cet après-midi ?

....

3. À quelle heure est la visite ?
- ☐ À 10 heures.
- ☐ À 11 heures.
- ☐ À 12 heures.

4. Qu'est-ce que Manon va faire demain ?

A ☐   B ☐   C ☐

Prêt pour l'examen

Vocabulaire

- Les activités (sports, sorties…)
- Les aliments et les boissons
- Les animaux
- Les couleurs
- La description physique
- L'école (matières, matériel, lieux, activités)
- La famille
- Les fêtes
- Les goûts
- Les heures
- Les jours de la semaine et les mois
- Les lieux de la ville
- La météo
- Les moyens de transports
- Les vêtements

Grammaire

- **Les verbes** : *avoir, être, faire, aller, jouer, prendre, manger, boire, aimer, adorer, détester, préférer, pouvoir, vouloir*
- **Le présent**
- **L'impératif**
- **Les phrases interrogatives**
- **Les préférences**

Exemples :
j'aime / je n'aime pas / j'adore / je déteste / je préfère

Savoir-faire

- **Comprendre les préférences.**
  Exemples : J'aime les chiens mais je déteste les chats.
  J'adore l'été mais je n'aime pas l'hiver.

- **Comprendre des situations.**
  Exemples : Il est joli ton dessin, c'est pour ta maman ?
  Je n'ai pas mon livre de français. Je peux lire avec toi ?

- **Comprendre des informations.**
  Exemples : C'est la fête de l'école demain. Tu peux apporter un gâteau ?
  Je t'invite pour mon anniversaire. Viens chez moi à 15 h.

Compréhension de l'oral

Une journée à l'école

En France, les élèves de 6 à 11 ans vont à l'école élémentaire.
Ils ont un maître ou une maîtresse qui enseigne toutes les matières :
le français, les mathématiques, l'histoire-géographie, la musique,
le sport, les arts plastiques…

- En général, les élèves vont à l'école de 8 h 30 à 16 h 30. Le matin et l'après-midi, il y a une récréation : les enfants sortent pour jouer.

- À midi, les enfants peuvent manger à la cantine. Ils prennent une entrée, un plat et un dessert. Ils mangent avec leurs copains et leurs copines.

- À l'école, les enfants font du sport : du basket, du football, de la gymnastique, de la natation…

- Les enfants viennent à l'école à pied, en bus, en voiture, en métro ou en tramway. Ils apportent leur cartable avec des cahiers, des livres, une trousse. Après l'école, les enfants font leurs devoirs.

À toi de jouer **Écoute** la petite fille et **écris** le numéro de la phrase sous le dessin correspondant.

A Phrase n° ....   B Phrase n° ....   C Phrase n° ....

Prêt pour l'examen

Auto-évaluation

	😃	🙂	🙂
• Je comprends la description physique d'une personne (*comment est… ?*).	☐	☐	☐
• Je comprends les instructions pour me demander de faire quelque chose.	☐	☐	☐
• Je comprends les questions pour me proposer une sortie ou une activité.	☐	☐	☐
• Je connais les lieux du quotidien (l'école, la cantine, la maison, le parc).	☐	☐	☐
• Je comprends ce qu'aime ou ce que n'aime pas quelqu'un.	☐	☐	☐
• Je connais les matières et les activités scolaires.	☐	☐	☐
• Je comprends le nom des activités sportives et artistiques.	☐	☐	☐

Compréhension des écrits

Comprendre

L'épreuve

La **compréhension des écrits** est la deuxième épreuve de l'examen du DELF Prim A1.

Objectifs
- Comprendre un message personnel
- Comprendre des instructions simples
- Comprendre une affiche
- Comprendre un court article

Nombre d'exercices : 4

Durée : 30 minutes

Les savoir-faire

Comprendre un message personnel

Tu dois comprendre le message d'une amie ou d'un ami sur un événement ou une activité.

Exemple :

Salut !
Je suis au camping. C'est super. Il y a une grande piscine. Je nage tous les jours.
À bientôt !
Stefano

Sarah Ferrand
5 avenue Eiffel
35000 Rennes

Comprendre des instructions simples

Tu dois comprendre six instructions simples pour faire quelque chose.

Exemple :

Pour faire une carte d'invitation
1. Écris l'heure et la date de la fête.
2. Dessine des ballons.
3. ...

Comprendre une affiche

Tu dois comprendre des informations sur un événement ou des activités sur une affiche.

Exemple :
La visite du musée est quel jour ?
☐ Mardi.
☐ Mercredi.
☐ Jeudi.

Comprendre un court article

Tu dois comprendre un article avec des informations sur une activité ou un événement.

Exemple :
Qu'est-ce que les enfants offrent pour la fête des mères ?
☐ Un livre.
☐ Une fleur.
☐ Un vêtement.

Compréhension des écrits

Les exercices

Exercice 1

Je dois répondre à 4 questions.

Pour les questions avec 3 choix, je coche la bonne réponse.

Pour les questions avec un crayon, j'écris la réponse (1 à 3 mots).

Nombre de points : 4 (1 point par question)

Durée : 5 minutes maximum

Exercice 2

Je dois noter le numéro de l'instruction sous le dessin correspondant.

Nombre de points : 5 (1 point par question)

Durée : 5 minutes maximum

Exercices 3 et 4

Je dois répondre à 4 questions.

Pour les questions avec 3 choix, je coche la bonne réponse.

Pour les questions avec un crayon, j'écris la réponse (1 à 3 mots).

Nombre de points : 8 (2 points par question)

Durée : 10 minutes maximum

Les conseils

Lis les documents et les questions avant de répondre. Tu peux écrire sur les feuilles de l'examen.

Exercices 1, 3 et 4

Souligne les mots importants de la question. Dans le texte, il y une phrase qui veut dire la même chose. **Tu dois la trouver pour donner la réponse.** Tu peux entourer les activités et regarder quand elles se passent (le matin ? lundi ? à 10 h ?).

➡ La réponse à la question 1 est toujours au début du document. La réponse à la question 2 est juste après. La réponse à la dernière question (question 4) est toujours à la fin du document.

Exercice 2

Tu dois trouver quel dessin correspond à l'instruction 2, à l'instruction 3…

Regarde bien les dessins : Le personnage est où ? Il fait quoi ?

➡ Sur ta feuille de brouillon, écris le lieu, le verbe ou une autre information importante du dessin. Cherche ensuite ces mots dans les instructions pour avoir la réponse.

Se préparer

1 Je peux comprendre un message personnel

Activité 1

Lis ce message de ton amie Manon. **Entoure** :
- en **bleu** les informations sur les dates (quand),
- en **vert** les informations sur les lieux (où),
- en **rouge** les informations sur les activités (quoi),
- en **noir** les informations sur les personnes (qui).

Salut !

Je suis en vacances chez (mes cousins). Ils habitent à la campagne. C'est très joli !

Mardi matin, on va visiter la ferme du voisin. On va donner à manger à ses animaux. L'après-midi, nous allons au cinéma avec mon oncle. Après le film, on va manger une pizza au restaurant. Mercredi, nous faisons une grande promenade à vélo. Ma tante vient aussi. On va pique-niquer près de la rivière. J'adore ça ! Jeudi, c'est fini, je rentre chez moi. Mon père m'attend à la gare à 16 h 30.

Et toi ? Qu'est-ce que tu fais pendant les vacances ?

À la semaine prochaine !

Manon

Compréhension des écrits

2 Je peux comprendre des instructions simples

Activité 2

C'est la rentrée des classes ! Le professeur / La professeure te donne une liste. **Entoure** les 5 objets à acheter pour ton cours.

Pour la rentrée, vous devez apporter :

✓ un stylo
✓ des ciseaux
✓ un cahier
✓ une trousse
✓ de la colle

Se préparer

3 Je peux comprendre une affiche

Activité 3

Lis le document. **Réponds** aux questions.

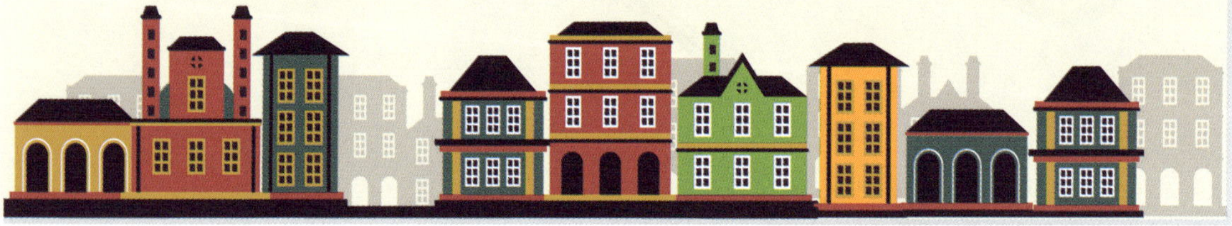

1. Entoure les 9 lieux de la ville dans le document.

2. Où est-ce qu'on peut voir un film ?

....

3. Où est-ce que les élèves jouent de la musique ?

....

4. Où est le rendez-vous pour la visite ?

....

Compréhension des écrits

 **Je peux comprendre un court article**

Activité 4

Lis cet article du journal de l'école et **réponds** aux questions.

Fête de la Musique
à l'école Molière

Mercredi 21 juin, il y a un menu de fête à la cantine avec des sandwichs, des tartes et des glaces. À 14 h, vous écoutez le concert des élèves de Mme Morel dans la cour de récréation. De 15 h à 16 h, vous dessinez des instruments de musique avec M. Bertoni ou écoutez de la musique dans le gymnase. À 17 h, il y a un grand quiz dans la bibliothèque.

Bonne fête de la Musique !

1. Entoure :
– **en vert** les aliments,
– **en rouge** les lieux de l'école,
– en **noir** la date et les heures,
– **en bleu** le nom des personnes.

2. Les élèves font quelle activité à 15 h ?

A

B

C

D

S'entraîner

 **Je peux comprendre un message personnel**

 4 points

Lis cette carte et **réponds** aux questions.

> Salut !
> Je suis en vacances avec ma famille à la mer.
> Le matin, nous allons nous baigner avec mon frère et l'après-midi, on joue au volley sur la plage.
> Ce soir, on va au restaurant pour l'anniversaire de ma maman.
> Et toi ? Tu fais quoi ?
> Bises,
>   Manon

 **1.** Où est-ce que Manon est en vacances ?

....

 2. Qu'est-ce que Manon fait le matin ?

A ☐   B ☐   C ☐

 **3.** Quel sport est-ce que Manon fait avec son frère ?

....

 4. Qu'est-ce que Manon fait ce soir ?

A ☐   B ☐   C ☐

Compréhension des écrits

Exercice 2

4 points

Lis cette carte et **réponds** aux questions.

> Coucou !
> Je suis en voyage avec ma classe.
> À 9 h, je fais du poney. Il s'appelle Kiwi. Il est très gentil, mais il ne marche pas vite.
> Après le déjeuner, on part regarder les oiseaux dans la forêt ou on écrit un journal.
> Avant de dormir, on danse.
> À bientôt !
>
> Mehdi

1. Qu'est-ce que Mehdi fait le matin ?

   A ☐   B ☐   C ☐

2. Quel est le problème de Kiwi ?

   ....

3. Où est-ce que Mehdi va l'après-midi ?

   A ☐   B ☐   C ☐

4. Qu'est-ce que Mehdi fait le soir ?

   ....

S'entraîner

2 Je peux comprendre des instructions simples

Exercice 3 5 points

 Tu es à l'école en France. Ton professeur te donne des devoirs pour les vacances. **Note** le numéro de l'instruction sous le dessin correspondant, comme dans l'exemple.

Devoirs pour les vacances

1. Apprends le poème *Les vacances*. (Exemple)
2. Écris un petit texte pour raconter tes vacances.
3. Dessine ton animal préféré.
4. Lis un chapitre du livre *La rentrée de la maîtresse*.
5. Colle une photo de tes vacances dans ton cahier.
6. Fais les exercices de mathématiques.

A — Instruction n° ……

B — Instruction n° ……

C — Instruction n° ……

D — Instruction n° 1 (Exemple)

E — Instruction n° ……

F — Instruction n° ……

Compréhension des écrits

Exercice 4 6 points

 Tu pars en voyage avec ta classe de français. Ta professeure envoie la liste des choses à faire. **Note** le numéro de l'instruction sous le dessin correspondant.

Classe de mer avec Madame Somont

1. Prends un appareil photo.
2. Prépare une enveloppe avec un timbre.
3. Regarde le film sur la mer et les poissons.
4. Mets tes vêtements dans une valise.
5. Cherche notre lieu de vacances sur la carte de France.
6. Mets un sandwich et de l'eau dans un petit sac.

A Instruction n°........

B Instruction n°........

C Instruction n°........

D Instruction n°........

E Instruction n°........

F Instruction n°........

S'entraîner

3 Je peux comprendre une affiche

Exercice 5 8 points

Tu lis cette affiche sur la porte de ton école, en France. **Réponds** aux questions.

1. Quel jour est l'atelier ?
   - ☐ Lundi.
   - ☐ Mardi.
   - ☐ Mercredi.

2. Qu'est-ce que tu vas apprendre à dessiner ?

   ....

3. Qu'est-ce que tu dois apporter ?

   A ☐   B ☐   C ☐

4. À quelle heure est le goûter ?

   ....

Compréhension des écrits

Exercice 6   8 points

Tu lis cette affiche dans la rue. **Réponds** aux questions.

La chasse aux œufs

Dimanche 9 avril, de 10 h à 12 h, grande chasse aux œufs en chocolat organisée dans le parc des Épinettes !

Les enfants de 6 ans à 12 ans peuvent participer avec leurs parents.

À partir de 14 h, il y a des jeux de ballon pour les enfants.

Il va faire chaud, n'oubliez pas de prendre une casquette et de l'eau.

1. Cette activité a lieu quel jour ?

   ....
   ....

2. Qui peut venir avec les enfants ?

   ....
   ....

3. Qu'est-ce que tu vas faire l'après-midi ?

A ☐   B ☐   C ☐

4. Qu'est-ce que tu dois apporter ?
   - ☐ Un ballon.
   - ☐ Une casquette.
   - ☐ Des lunettes de soleil.

S'entraîner

4 Je peux comprendre un court article

Exercice 7   8 points

Tu habites en France. Tu lis cet article dans le journal de la ville. **Réponds** aux questions.

> **Mardi 10 juin, c'est le premier jour pour Abracadabra, le nouveau magasin pour les enfants.**
>
> Le premier étage est pour les adolescents de 11 à 15 ans, avec des jeux vidéo, des livres et des vêtements. Pour les petits, on peut acheter des ballons, des jeux de cartes et des vélos au deuxième étage. Au troisième étage, on trouve des cahiers, des stylos et des cartables.
>
> **Trois étages à découvrir vite !**

1. Le magasin ouvre quand ?

....

2. Qu'est-ce que les adolescents peuvent acheter ?

A ☐   B ☐   C ☐

3. Où est-ce que les jeunes enfants doivent aller ?

....

4. Au dernier étage, on vend du matériel…

☐ pour l'école.   ☐ pour le sport.   ☐ pour la maison.

Compréhension des écrits

Exercice 8  **8 points**

Tu es à l'école en France. Tu lis cet article dans le journal de l'école.
Réponds aux questions.

Ta santé et toi !

Le docteur Sofoni va venir dans notre école jeudi prochain. Rendez-vous au gymnase, à 9 heures. Il va parler de la santé et des repas.

Pour la santé, vous devez bien manger !

À 8 h 30, tous les élèves doivent prendre un petit déjeuner à la cantine. Au menu : un verre de lait, une orange et du pain avec de la confiture.

Après la visite, allez chercher un livre cadeau à la bibliothèque !

1. Où est-ce que le docteur Sofoni va parler ?
- ☐ À la cantine.
- ☐ Au gymnase.
- ☐ À la bibliothèque.

2. Qu'est-ce tu dois faire avant la visite du docteur ?

....

 3. Qu'est-ce que tu peux boire jeudi prochain ?

A ☐   B ☐   C ☐

4. Quel fruit est-ce que tu peux manger à l'école ?

....

Prêt pour l'examen

Vocabulaire

- Les activités (sports, sorties…)
- Les aliments et les boissons
- Les animaux
- La date
- L'école (matières, matériel, lieux, activités)
- La famille
- Les heures
- Les lieux de la ville
- Les repas
- Les vacances (lieux, activités)

Grammaire

- **Les verbes** : *apporter, chercher, faire, mettre, prendre, préparer, trouver, venir*
- **Les verbes d'action à l'école** : *lire, coller, dessiner…*
- **Les verbes** *pouvoir, devoir, vouloir*
- **Le présent**
- **L'impératif**
- **Le futur proche** : Tu vas faire des courses.
- **Les phrases interrogatives** :
  Exemples :
  Qu'est-ce tu fais ?
  Claire va où ?
  À quelle heure est le cours ?
- **Les adjectifs** :
  Il est gentil.
  C'est super !
  Une belle maison.

Savoir-faire

- **Comprendre des informations sur un événement ou une activité.**
  Exemples : Je suis en vacances à la plage.
  Ce soir, je vais au cinéma.
  Jeudi, la classe fait une sortie à la ferme.

- **Comprendre des instructions.**
  Exemples : Apporte ton ballon.
  Dessine des fleurs dans ton cahier.
  Prends un pull, il fait froid.

- **Associer un dessin à une phrase.**
  Exemple : ❶ Écris l'adresse sur l'enveloppe.
  Dessin A

Instruction n° 1

Compréhension des écrits

La fête d'anniversaire

Pour fêter leur anniversaire, les enfants préparent une jolie invitation et la donnent à leurs amis.

- La fête se passe souvent l'après-midi, à la maison ou dans un parc. Les parents organisent des jeux pour les enfants : trouver un trésor, dessiner, se déguiser...

- On peut aussi faire une sortie pour l'anniversaire : à la piscine, au poney-club, à la salle de jeux... Les enfants peuvent même faire de la cuisine ou voir des petits spectacles !

- Il y a toujours un goûter d'anniversaire avec des bonbons, des jus de fruit et, bien sûr, un gros gâteau avec des bougies ! C'est le moment des photos ! Les enfants offrent leur cadeau et reçoivent souvent un sac avec des petits jouets et des bonbons. Tout le monde est content !

- Et toi, tu aimes fêter ton anniversaire ? Comment ça se passe dans ton pays ?

À toi de jouer — Note le numéro des mots à côté de la bonne photo.

1. L'invitation   2. Les jeux   3. Les cadeaux   4. Le goûter

A  n°......

B  n°......
Marie a 10 ans !
Le 2 juin à 14 h
3, rue de la Mairie
92320 Châtillon
Contactez sa mère au 06 39 98 50 01

C  n°......

D  n°......

Prêt pour l'examen

Auto-évaluation

	😃	😊	🙂
• Je connais des activités (sports et loisirs).	☐	☐	☐
• Je connais les lieux de sorties et de vacances (la ferme, la ville, la plage…).	☐	☐	☐
• Je comprends où et quand se passe un événement (date, heure, lieu).	☐	☐	☐
• Je comprends qui fait quoi.	☐	☐	☐
• Je comprends les instructions pour me demander de faire quelque chose.	☐	☐	☐
• Je comprends les activités et les moments d'une journée (les repas, les horaires de l'école…).	☐	☐	☐

Production écrite

Comprendre

L'épreuve

La production écrite est la dernière partie de l'épreuve collective de l'examen du DELF Prim A1.

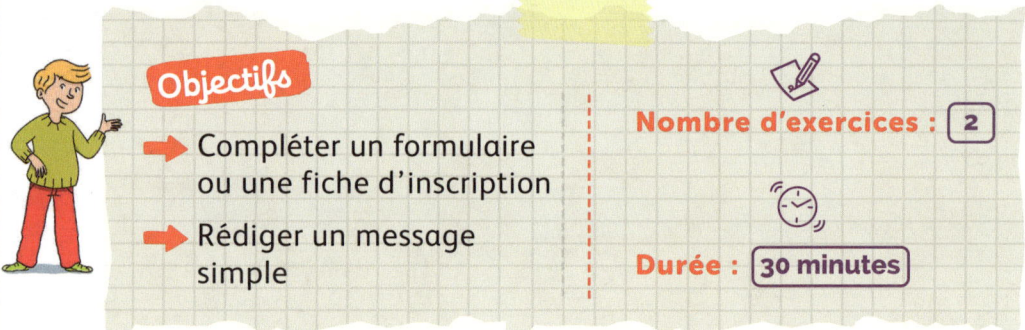

Objectifs
→ Compléter un formulaire ou une fiche d'inscription
→ Rédiger un message simple

Nombre d'exercices : 2
Durée : 30 minutes

Les savoir-faire

Compléter un formulaire

Tu dois écrire des informations courtes sur toi.

Exemple :
Prénom : Laura
Âge : 9 ans
Date de naissance : 18 mai 2015
Dessert préféré : tarte aux pommes

Astuces

• Pour écrire une adresse : numéro + nom de la rue.
Exemple : 25 rue de l'Europe

• Pour écrire une date : 6 mai 2018

• Pour écrire ton âge : 10 ans
(n'oublie pas d'écrire le mot « ans » !)

• Tu ne connais pas un mot en français ? Choisis un autre mot. Les informations doivent être correctes mais elles peuvent être inventées !

Rédiger un message simple

Ton texte doit être organisé :

- Commence par un mot de salutation.
  Exemple : Bonjour Marie, Salut Arthur, Chère Emma, Cher Marc, Coucou !

- Écris des phrases simples : vérifie qu'il y a un sujet et un verbe.

- Lis bien la consigne et réponds aux questions (tu dis ce que tu fais, avec qui tu es, ce que tu manges, …).

- Termine par une phrase de congé.
  Exemple : Au revoir, À bientôt

Production écrite

Les exercices

Exercice 1

Je dois écrire des informations sur moi (prénom, âge, date de naissance, adresse, matière préférée…).

Il y a dix informations personnelles à donner.

Nombre de points : 10

Durée : 10 minutes maximum

Exercice 2

Je dois écrire un petit message (une carte postale ou une lettre) de 8 lignes environ.

Tu racontes tes activités ou tes vacances, tu parles de la météo, tu décris ta famille, ta maison, un lieu…

Il y a 6 dessins pour te donner des idées.

Nombre de points : 15

Durée : 20 minutes maximum

Les conseils

Lis les consignes des exercices avant de commencer.

Exercice 1

Lis les informations demandées. Qu'est-ce que tu dois écrire : une date ? une adresse ? une activité ?

Exercice 2

Lis la consigne. Souligne les verbes (*raconter, décrire, présenter, parler…*) : écris une ou deux phrases pour chaque verbe. N'oublie pas d'écrire une phrase pour dire « bonjour » et une phrase, à la fin, pour dire « au revoir ».

➡ **Regarde les dessins.** Ils t'aident à savoir quoi écrire dans ton texte.

➡ Sur la feuille de brouillon, **note les mots importants. Recopie et relis bien le formulaire et ton texte.**
Vérifie l'orthographe, la conjugaison.

Se préparer

1 Je peux compléter un formulaire

Activité 1

Relie les informations demandées aux bonnes réponses.

Informations demandées	Réponses données
Prénom	3 novembre 2016
Âge	Strasbourg
Date de naissance	FRANCE
Classe	la danse
Adresse	67000
Ville	Gabriel
Code postal	la quiche
Pays	06 39 98 54 28
Nationalité	9 ans
Téléphone	portugaise
Sport préféré	8 rue de Brest
Plat préféré	CM1

2 Je peux rédiger un message simple

Activité 2

Regarde les couvertures des livres et **réponds** aux questions.

Livre 1

a. La fille sur le dessin s'appelle Cici. **Décris** Cici :

....
....
....

Production écrite

b. Cici est dans quelle pièce de la maison ?
....

c. Qu'est-ce que Cici fait ?
....

Livre 2

a. Décris un des personnages :
....
....
....

b. Les 4 personnages sont où ?
....

c. Il fait quel temps ?
....

Activité 3

a. Regarde les dessins. Qu'est-ce que Juliette et Mehdi font ? **Écris** leurs activités, comme dans l'exemple.

Juliette fait un château sur la plage.

Mehdi ....

Juliette ....

Mehdi ....

Juliette ....

Mehdi ....

b. Qu'est-ce que tu fais en vacances ? Et à l'école ? **Écris** 4 activités :

- ....
- ....
- ....
- ....

S'entraîner

1 **Je peux compléter un formulaire**

Exercice 1   **10 points**

Tu habites en France. Tu veux t'inscrire dans le club de musique de ton école. **Remplis** cette fiche.

Fiche d'inscription

Club de musique

Ton prénom : ....

Ton âge : ....

Ta classe : ....

Le nom de ton professeur de musique : ....

Le numéro de téléphone de ta mère ou de ton père : ....

Ton adresse (numéro et rue) : ....

....

Ta ville : ....

Ton instrument de musique préféré : ....

Ton chanteur / Ta chanteuse ou ton groupe de musique préféré(e) :

....

....

Tu peux prendre des cours quel jour ? ....

Production écrite

Exercice 2 10 points

 Tu es à l'école en France. C'est le premier jour de classe. Tu te présentes à ton professeur de français. **Remplis** cette fiche de présentation pour le cours de français.

❖ **Fiche de présentation** ❖

Cours de Français

Prénom : ....

Date de naissance : ....

Adresse (numéro et rue) : ....

Profession de ton père ou de ta mère : ....

Nationalité : ....

Tu parles quelle langue ? ....

Tu viens comment à l'école ? ....

Tes 2 activités préférées :

- ....

- ....

Ta couleur préférée : ....

S'entraîner

2 Je peux rédiger un message simple

Exercice 3 15 points

Tu es en vacances avec la famille de ton meilleur ami. Tu écris une lettre à un ami français pour raconter tes vacances. Tu dis où tu es en vacances. Tu présentes la famille de ton meilleur ami et tu parles de vos activités. **Écris** environ 8 lignes. Tu peux t'aider des dessins.

Production écrite

Exercice 4 15 points

Tu as une nouvelle maison. Tu écris à ton amie française. Tu décris ta maison. Tu parles des activités que tu fais avec ta famille le soir et le weekend. **Écris** environ 8 lignes. Tu peux t'aider des dessins.

Prêt pour l'examen

Vocabulaire

- Les aliments
- Les couleurs
- Les dates
- La famille
- Les formules de politesse à l'écrit (pour dire bonjour et au revoir)
- Les horaires
- L'identité
- Les jours de la semaine
- Les lieux de vacances et de la vie quotidienne
- Le logement
- Les loisirs
- Les matières scolaires
- La météo

Grammaire

- **Le présent**
- **Les phrases simples** : sujet, verbe, complément
  Exemples :
  Je vais à la plage avec mes parents.
  Je joue au ballon avec mon frère.
  Je fais mes devoirs dans ma chambre.
- **Le singulier et le pluriel**
- **Le masculin et le féminin**
- **Les connecteurs** : *et*, *alors*
- **La ponctuation** : utiliser le point, la virgule, le point d'exclamation et le point d'interrogation.
- **La majuscule au début des phrases et des noms propres** (les prénoms, les noms des villes et des pays)

Savoir-faire

- **Donner des informations sur toi.**
  Exemples : J'ai 9 ans. J'ai une sœur. Elle s'appelle Clara.

- **Décrire tes activités** : raconter ta journée à l'école, tes vacances, une visite.
  Exemples : Le matin, je me lève à 7 heures pour l'école.
  Le mardi soir, je vais au cours de judo.

- **Communiquer à l'écrit** : saluer, prendre congé.
  Exemples : Salut ! À bientôt !

Production écrite

Les cartes postales

Quand on part en vacances, on peut envoyer des cartes postales à sa famille et à ses amis pour partager son expérience.

Comment écrire une carte postale ?

- **Je choisis une jolie carte postale.**

  Par exemple, si je suis à Paris, je choisis une carte avec la tour Eiffel, le musée du Louvre ou le château de Versailles.

- **J'écris où je suis, ce que je fais.**

  Chère Alexandra,

  Je suis en vacances à Paris. J'ai visité la tour Eiffel. Ce soir, on va au restaurant. Paris, c'est super !

  À bientôt,

  Paul

  Alexandra SATAL
  35 rue des Prairies
  44000 Nantes

- **J'écris l'adresse d'une amie ou d'un ami.**

À toi de jouer

Recopie dans l'ordre les éléments sur la carte postale.

- Gros bisous !
- Et toi ? Tu fais quoi pendant les vacances ?
- Cher Blaise,
- Je suis en vacances à la montagne avec ma famille et mon chien.
- Blaise SCHMITT
  6 rue du 11 Novembre
  38000 Grenoble
- Il fait beau. Je fais de la randonnée avec mon cousin.

Prêt pour l'examen

Auto-évaluation

	😃	🙂	🙃
• Je sais me présenter : mon prénom, ma date de naissance, mon numéro de téléphone, mon adresse, mes activités préférées…	☐	☐	☐
• Je sais écrire une date en français (jour / mois / année) et un numéro de téléphone.	☐	☐	☐
• Je connais les jours de la semaine et les mois.	☐	☐	☐
• Je sais décrire une activité, une situation, une personne (qui, où, quand, quoi, comment).	☐	☐	☐
• Je sais écrire les formules de politesse pour saluer et prendre congé.	☐	☐	☐

Production orale

Comprendre

L'épreuve

La production orale est la quatrième épreuve de l'examen du DELF Prim A1. Elle est individuelle.

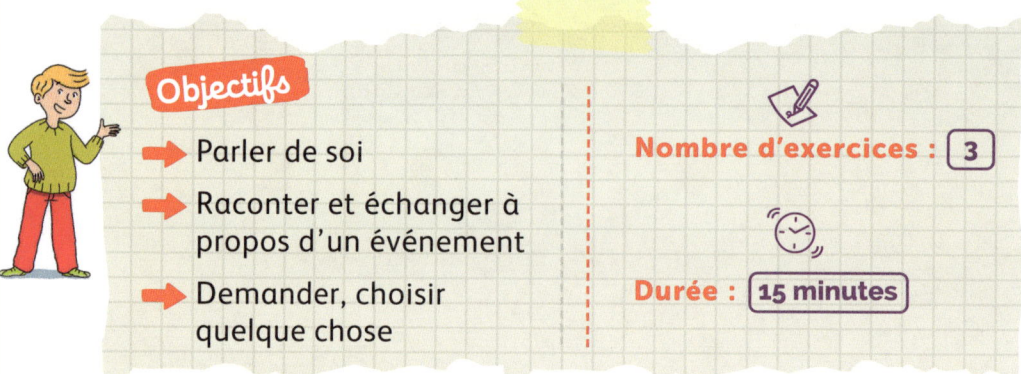

Objectifs
- Parler de soi
- Raconter et échanger à propos d'un événement
- Demander, choisir quelque chose

Nombre d'exercices : 3

Durée : 15 minutes

Les savoir-faire

Parler de soi

Tu dois te présenter et répondre aux questions sur tes activités, ton école…

Exemples : Tu as des frères et sœurs ? Comment est ta maison ? Qu'est-ce que tu fais après l'école ?

Astuces

- Tu as du temps pour réfléchir avant de parler.
- Pour commencer le dialogue, dis « bonjour » à l'examinateur (ou « salut », quand l'examinateur joue le rôle de ton ami).
- À la fin, n'oublie pas de dire « au revoir ».

Raconter et échanger à propos d'un événement

Tu dois décrire six dessins et raconter l'histoire des personnes, avec tes mots.

Exemple : Une petite fille regarde la télévision avec son chat. Elle a un pantalon bleu.

Demander, choisir quelque chose

Tu dois poser des questions pour choisir des objets, des plats ou des activités.

Exemple : Je voudrais un cadeau pour mon père. Est-ce que vous avez des casquettes rouges ?

Production orale

Les exercices

Exercice 1

Je dois me présenter, parler de moi, de ma famille, de mes goûts.

Durée : Tu parles avec l'examinateur pendant 1 minute environ.

Exercice 2

Je dois raconter l'histoire que je vois sur les dessins avec mes mots.

Durée : Tu parles avec l'examinateur pendant 2 minutes environ.

Exercice 3

Je dois jouer une situation avec l'examinateur : pour acheter un objet dans un magasin, pour commander un plat dans un restaurant ou pour parler des activités à l'école ou avec un ami.

Il y a deux sujets : lis les sujets et choisis ton sujet préféré. L'examinateur joue le rôle d'un vendeur, d'un parent, d'un professeur…

Il peut aussi jouer le rôle de ton ami : tu peux lui dire « tu » !

Durée : Tu parles avec l'examinateur pendant 2 minutes environ.

Les conseils

Exercice 1

Tu peux préparer des phrases avant l'examen, mais l'examinateur va aussi te poser des questions.

Exercice 2

Tu décris les personnes sur les dessins : Il y a qui ? Elles sont où ? Elles font quoi ? Elles ont quels vêtements ? Elles sont contentes ?

➡ Tu ne sais pas quoi dire ? L'examinateur va t'aider, **décris les choses que tu connais** (vêtements, lieux, objets).

Exercice 3

Tu poses des questions différentes : Où… ? Quand… ? Comment… ? Qu'est-ce que… ? Est-ce que… ? Quel/Quelle… ?

➡ **Les dessins sont importants,** ils donnent des idées.

– Pour les vêtements, pose une question sur la couleur, la taille et le prix.

– Pour les repas, demande quels plats, desserts ou boissons il y a.

– Pour les activités, explique ce que tu aimes faire et pose des questions à l'examinateur : « Qu'est-ce que tu veux faire cet après-midi ? », « Tu veux venir au cinéma avec moi ? ».

Se préparer

1 Je peux parler de moi

Activité 1 🎧 15

1. Écoute les 2 enfants et **coche** les bonnes réponses.

1. Quelle est la nationalité de Frank ?

   Brésilienne.   Allemande.   Américaine.
   A ☐   B ☐   C ☐

2. La grande sœur de Frank a quel âge ?

   12 ans.   13 ans.   14 ans.
   A ☐   B ☐   C ☐

3. Quelle est la matière préférée de Zoé ?

   Le sport.   La musique.   Les mathématiques.
   A ☐   B ☐   C ☐

4. Qu'est-ce que Zoé déteste ?

   L'histoire.   Le français. Les mathématiques.
   A ☐   B ☐   C ☐

2 Je peux raconter et échanger à propos d'un événement

Activité 2 🎧 16

Écoute les 3 descriptions et **note** le bon numéro.

A n°...........

B n°...........

C n°...........

Production orale

3 Je peux demander, choisir quelque chose

Activité 3

✏️ **Complète** les questions avec les mots corrects.

a. La pizza coûte .... ?

b. .... est le prix d'une bande dessinée ?

c. Vous avez .... tailles ?

d. .... vous avez un tee-shirt vert ?

e. Le concert est .... heure ?

f. .... on peut voir au cinéma ?

g. Le rendez-vous pour la fête d'anniversaire de Rose est .... ?

1 à quelle
2 Quel
3 où
4 Est-ce que
5 Qu'est-ce qu'
6 combien
7 quelles

Activité 4 📱17

✏️ **Écoute** les 3 personnes. Elles te demandent de choisir un objet ou un plat. **Coche** ton choix et **fais** une phrase à l'oral.

J'aimerais…

S'entraîner

 **Je peux parler de moi**

L'examinateur va te poser des questions. **Réponds** aux questions pour te présenter et parler de toi et de ta famille.

- Comment tu t'appelles ? Comment ça s'écrit ?
- Où est-ce que tu habites ?
- Tu as quel âge ?
- Tu as des frères et sœurs ? Ils s'appellent comment ?
- Quel est le métier de ta maman ? Quel est le métier de ton papa ?
- Tu as un animal ?

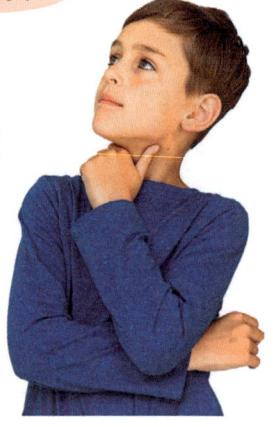

L'examinateur va te poser des questions. **Réponds** aux questions pour parler de tes goûts et de tes activités.

- Où est-ce que tu vas en vacances ?
- Qu'est-ce que tu fais le soir ?
- Quelle est ta matière préférée à l'école ?
- Comment est ton professeur de français ?
- À quelle heure est-ce que tu te réveilles le matin ?
- Tu viens comment à l'école ?

Production orale

Je peux raconter et échanger à propos d'un événement

Exercice 3

L'examinateur te montre 6 dessins. **Regarde** ces dessins. Qu'est-ce que tu vois ? **Raconte** cette histoire.

Histoire : La journée à l'école de Lilly

1

2

3

4

5

6

61

S'entraîner

Exercice

L'examinateur te montre 6 dessins. **Regarde** ces dessins. Qu'est-ce que tu vois ? **Raconte** cette histoire.

Histoire : Pablo à la campagne

1

2

3

4

5

6

Production orale

3 Je peux demander, choisir quelque chose

Exercice 5

Lis cette situation. Tu joues le rôle de l'élève à la cantine. L'examinateur joue le rôle de l'employé de la cantine.

Situation : À la cantine

Tu es à la cantine de ton école, en France. Tu poses des questions à l'employé sur les plats et les desserts. Tu dis ce que tu veux manger.

S'entraîner

Exercice 6

Lis cette situation. Tu joues le rôle de l'enfant en vacances. L'examinateur joue le rôle du vendeur.

Situation : Au magasin de souvenirs

Tu es en vacances en France avec tes parents. Tu veux acheter un cadeau pour un ami. Tu poses des questions au vendeur sur les cadeaux.
Tu expliques les goûts de ton ami et tu choisis un cadeau.

Production orale

Exercice 7

Lis cette situation. Tu joues le rôle de l'enfant en vacances chez un ami. L'examinateur joue le rôle de ton ami français.

Situation : La fête du village

Tu es en vacances chez un ami français. Il y a une fête dans son village. Il veut aller à la fête avec toi. Tu poses des questions sur la fête (horaire, activités, lieux…). Tu choisis le programme de la journée.

Prêt pour l'examen

Vocabulaire

- Les activités (sports, sorties…)
- L'âge
- Les aliments et les boissons
- Les cadeaux
- Les couleurs
- La description physique
- L'école (matières, matériel, lieux, activités)
- La famille
- Le logement
- Les moments de la journée
- Les mots de politesse (*merci, s'il vous plaît*)
- La nationalité
- La nature (forêt, fleurs…)
- Les professions
- Les salutations (*bonjour, à bientôt*…)
- Les vêtements

Grammaire

- **Les verbes** : *avoir, chanter, chercher, choisir, coûter, danser, être, faire, habiter, jouer, prendre, proposer, s'appeler*
- **Les verbes** *pouvoir, devoir, vouloir*
- **L'expression de la politesse** : *je voudrais, j'aimerais*
- **Le présent**
- **Les articles partitifs** (*du, de la*)
- **Les phrases interrogatives** : *est-ce que, qu'est-ce que, où, combien, quel…*
- **Les adjectifs** : *couleur, taille, cher, joli, beau, bien…*

Savoir-faire

- **Donner des informations sur toi pour te présenter.**
  Exemple : Je m'appelle Marie, je suis canadienne. Mon père est boulanger. Je fais du vélo avec ma famille le week-end.

- **Décrire des dessins : les personnes (couleur des cheveux, vêtements…), les lieux, les actions.**
  Exemple : Le garçon est dans la cuisine avec son papa. Le papa a des lunettes et le garçon est blond. Il a un pull rouge. Ils préparent un gâteau, ils sont contents.

- **Jouer une situation comme dans la vie** : tu vas dans un magasin pour acheter un vêtement, un cadeau, un livre ou tu parles avec un ami pour choisir des activités.
  Exemples : Bonjour, je voudrais un croissant s'il vous plaît.
  Tu veux aller au cinéma ce soir ? Il y a un film policier.

Production orale

La boulangerie

Les Français mangent beaucoup de pain :
au petit déjeuner, avec du beurre, de la confiture,
au déjeuner et au dîner, avec le plat et
le fromage.

- On peut acheter du pain au supermarché mais il y a un magasin spécial : c'est la boulangerie.

- Les boulangeries vendent des pains ronds, gros ou petits, des baguettes et des croissants, des pains au chocolat…
  Le boulanger fait aussi des tartes aux fruits (pommes, fraises, citron), des gâteaux et des crêpes. Pour déjeuner, on peut acheter des sandwichs ou des tartes salées (au fromage, au poulet, aux légumes). Monsieur le boulanger sait vraiment tout faire !

- Pour tout préparer, il se lève très tôt, vers 3 h du matin ! C'est vraiment tôt… Mais quand la boulangerie ouvre le matin, à 7 h, quel plaisir d'acheter et de manger du bon pain frais !

À toi de jouer — Regarde les photos : c'est quel aliment ?

Place ces 5 mots dans la grille. Tu vas trouver un autre mot dans le cadre rouge : elle peut être sucrée ou salée !

B									
						N			
				C					
						U			
						E			

Prêt pour l'examen

Auto-évaluation

	😃	🙂	😊
• Je sais me présenter et parler de ma famille.	☐	☐	☐
• Je sais parler de mes activités et de mes goûts.	☐	☐	☐
• Je sais décrire des personnes, des lieux, des situations (qui, où, quand, quoi, comment).	☐	☐	☐
• Je sais poser des questions pour choisir quelque chose (un objet, un plat, une activité).	☐	☐	☐
• Je sais saluer et utiliser les mots de politesse.	☐	☐	☐

DELF Prim A1

Épreuve blanche

Épreuve blanche

Tu écoutes plusieurs documents. Il y a 2 écoutes. Avant chaque écoute, tu entends le son suivant. 🔔

   **8 points**

 Regarde les dessins. Écoute les messages et note le numéro du message, comme dans l'exemple.

Exemple : Tu entends :

Message 1 : Salut, je m'appelle Stephano. J'adore la musique ! Je chante et je joue de la guitare. Mais je n'aime pas jouer du piano, c'est difficile.

Écoute encore.

Salut, je m'appelle Stephano. J'adore la musique ! Je chante et je joue de la guitare. Mais je n'aime pas jouer du piano, c'est difficile.

Tu écris 1 à côté des dessins correspondants.

Exemple

Message n°1

Attention, nous commençons ! Écoute bien.

Compréhension de l'oral

B   Message n°......

C   Message n°......

D   Message n°......

E   Message n°......

Épreuve blanche

Exercice 2 8 points

Regarde les dessins. Écoute les dialogues et note le numéro du dialogue sous le dessin correspondant.

Attention, nous commençons ! Écoute bien.

A Dialogue n°........

B Dialogue n°........

C Dialogue n°........

D Dialogue n°........

Compréhension de l'oral

 **9 points**

Lis les 4 questions. Regarde les dessins. Écoute le message et réponds aux questions.

Attention, nous commençons ! Écoute bien.

 1. L'invitation est à quelle heure ?

☐ À 13 h.   ☐ À 15 h.   ☐ À 16 h.

 2. Tu dois venir chez Nihal avec quoi ?

A ☐   B ☐   C ☐

 **3.** Vous allez au parc avec qui ?

....

 4. Qu'est-ce que tu vas faire au parc ?

A ☐   B ☐   C ☐

Épreuve blanche

Exercice 1 🔊 19   **4 points**

Lis ce message et réponds aux questions.

De : nouria.delatre@gmail.com
Objet : invitation

Salut !

Mon grand frère, Marco, nous invite au cinéma mercredi. C'est super ! Il nous attend devant l'école à 16 h. On part avec sa voiture. Elle est très belle !

Après le film, on peut faire nos devoirs ensemble. À 19 h, mes parents rentrent du travail, alors tes parents peuvent venir te chercher.

À bientôt !

Nouria

Compréhension des écrits

1. Où est-ce que Marco t'invite avec Nouria ?

A ☐   B ☐   C ☐

2. À quelle heure est-ce que tu as rendez-vous ?

....

3. Comment est-ce que vous partez ?

A ☐   B ☐   C ☐

4. Qu'est-ce que vous faites après l'activité ?

....

Épreuve blanche

Exercice 2 5 points

 Tu veux envoyer une carte à ton meilleur ami.
Tu lis ces instructions dans un magazine français.

Note le numéro de l'instruction sous le dessin correspondant, comme dans l'exemple.

Un message d'amitié

Exemple

1. Prends une grande feuille de couleur.
2. Découpe un gros cœur.
3. Écris un petit message dans le cœur.
4. Prends une grande enveloppe.
5. Écris l'adresse de ton meilleur ami.
6. Colle un timbre sur l'enveloppe.

Compréhension des écrits

Dessin A

Instruction n° ....

Dessin B

Instruction n° 1 — Exemple

Dessin C

Instruction n° ....

Dessin D

Instruction n° ....

Dessin E

Instruction n° ....

Dessin F

Instruction n° ....

Épreuve blanche

Exercice 3 8 points

Tu lis cette annonce dans un magazine francophone.
Réponds aux questions.

Dansons !

Dimanche 2 octobre,
viens découvrir la nouvelle école de danse
pour les enfants.

De 10 h à 12 h, il y a des **cours de danse gratuits** :
danse classique, hip-hop ou jazz, à toi de choisir !

Apporte des vêtements de sport.

Inscriptions avant le vendredi 30 septembre :
dansenfant@gmail.com

Adresse : 22 rue Saint-Marc 75018 Paris

Compréhension des écrits

1. Quel jour est-ce que tu peux danser ?

....

2. À quelle heure est-ce que les cours commencent ?

....

3. Qu'est-ce que tu apportes ?

A ☐   B ☐   C ☐

4. Tu dois t'inscrire…
- ☐ à l'école.
- ☐ par courriel.
- ☐ par téléphone.

Épreuve blanche

 **8 points**

Tu es à l'école en France. Tu lis cet article dans le journal de l'école. Réponds aux questions.

Fête de la rentrée

Le mercredi 10 septembre, c'est la fête de la rentrée à l'école Simone Veil. Tous les élèves et leurs parents sont invités pour un pique-nique à 12 h. Un cuisinier va préparer des quiches et des salades. Les élèves peuvent apporter une boisson. Un spectacle de danse avec les élèves de CM2 commence à 13 h. À 14 h, les enfants vont en cours mais leurs parents peuvent rester discuter.

Compréhension des écrits

ABC **1.** Où est-ce que la fête a lieu ?

....

2. Qu'est-ce que tu vas faire ?
- ☐ Manger.
- ☐ Chanter.
- ☐ Dessiner.

3. Qu'est-ce que tu apportes ?

| A ☐ | B ☐ | C ☐ |

ABC **4.** Qu'est-ce que les enfants font à 14 h ?

....

Épreuve blanche

Exercice 1   **10 points**

 Ton école organise un voyage avec une école en France.
Tu te présentes aux élèves de la classe française.
Remplis cette fiche.

Voyage en France

Fiche de présentation

Prénom : ....

Âge : ....

Nationalité : ....

Adresse (numéro et rue) : ....
....

Nombre de frères et sœurs : ....
....

Activité préférée : ....

Couleur préférée : ....

Animal préféré : ....

Plat préféré : ....

Matière préférée à l'école : ....

Production écrite

 **15 points**

 Tu es en vacances avec ta famille. Tu écris une lettre à un ami francophone pour raconter tes vacances. Tu dis où est-ce que tu es. Tu racontes tes activités. Tu parles aussi de la météo.

Écris 8 lignes environ. Tu peux t'aider des dessins.

Épreuve blanche

 Entretien dirigé

 Échange d'informations

Ton professeur / Ta professeure te propose l'histoire 1 ou l'histoire 2.

Sujets

Histoire 1 : Une sortie en ville
Regarde ces dessins. Qu'est-ce que tu vois ? Raconte cette histoire.

Histoire 2 : Une journée à la mer
Regarde ces dessins. Qu'est-ce que tu vois ? Raconte cette histoire.

Production orale

 **Dialogue simulé**

Tu choisis la situation 1 ou la situation 2.

Sujets

Situation 1 : **Au restaurant**

Tu vas au restaurant en France. Tu poses des questions au serveur sur les plats. Tu choisis ce que tu veux manger et boire.

L'examinateur joue le rôle du serveur.

Situation 2 : **Au centre de loisirs**

Tu habites en France. Tu veux faire une activité après l'école. Tu vas au centre de loisirs de ta ville. Tu dis quelles activités tu aimes faire, quel jour tu veux venir et à quelle heure. Tu choisis une activité.

L'examinateur joue le rôle de l'employé du centre de loisirs.

Comment est évaluée la production écrite du DELF Prim A1 ?

L'exercice 2 de la production écrite est évalué par deux correcteurs habilités, au moyen d'une grille critériée. Cette grille se compose des 4 critères suivants :

Capacité à informer et à décrire : les correcteurs vérifient si le candidat est capable d'écrire des phrases simples en rapport avec la consigne.

Lexique : les correcteurs vérifient si le répertoire lexical du candidat correspond à la situation proposée et au niveau évalué. Ils valorisent les mots bien orthographiés et ne pénalisent pas les mots orthographiés de manière phonétique sauf s'il s'agit de vocabulaire très courant, comme celui de la famille. Les mots d'un niveau supérieur seront systématiquement valorisés.

Morphosyntaxe : les correcteurs vérifient si le candidat est capable d'utiliser des structures grammaticales simples. Ils tiendront compte de la récurrence et de la typologie des erreurs, d'une part, et des expressions/phrases réussies, d'autre part.

Cohérence et cohésion : les correcteurs vérifient que la production est cohérente et qu'elle ne comporte pas de rupture de sens. Ils n'attendent pas nécessairement l'emploi de connecteurs si les phrases s'enchaînent bien par simple juxtaposition.

Exercice 2	Ø Non répondu ou production insuffisante	− A1 non acquis	+ A1 partiellement acquis	++ A1 acquis
Capacité à informer et à décrire Peut écrire des phrases et des expressions simples sur soi-même et ses activités, ou sur des personnes imaginaires, en rapport avec le sujet demandé.	☐ 0	☐ 3	☐ 5	☐ 7
Lexique / orthographe lexicale Peut utiliser un répertoire limité de mots et d'expressions élémentaires relatifs à sa situation personnelle, et adaptés à la thématique proposée. Peut orthographier avec une relative exactitude quelques mots du répertoire élémentaire.	☐ 0	☐ 1	☐ 2	☐ 3
Morphosyntaxe / orthographe grammaticale Peut utiliser, avec un contrôle limité, quelques structures syntaxiques et des formes grammaticales simples appartenant à un répertoire mémorisé.	☐ 0	☐ 1	☐ 2	☐ 3
Cohérence et cohésion Peut produire des énoncés très simples qui s'enchaînent par juxtaposition ou par l'emploi de connecteurs très simples comme « et », « alors ».	☐ 0	☐ 0,5	☐ 1,5	☐ 2

À chaque critère, les correcteurs attribuent le degré d'acquisition correspondant à la performance observée dans la production du candidat, parmi les quatre suivants :

- **Non répondu ou production insuffisante :** La production n'est pas assez longue pour être évaluée ou est d'un niveau très en deçà du niveau visé.
- **A1 non acquis :** La production ne satisfait pas encore les prérequis minimaux du niveau. Le candidat en possède quelques éléments, mais avec un très faible niveau de maîtrise.
- **+ A1 partiellement acquis :** La production satisfait les prérequis minimaux du niveau ciblé et/ou en démontre une maîtrise moyenne.
- **++ A1 acquis :** La production démontre une maîtrise robuste ou approfondie du niveau ciblé.

Un barème fixe est défini pour chaque degré d'acquisition, permettant d'attribuer au candidat une note totale sur 15 points.

Comment est évaluée la production orale du DELF Prim A1 ?

Contrairement à la production écrite, la production orale est évaluée par un seul examinateur habilité, afin de ne pas intimider les jeunes candidats. La grille d'évaluation utilisée est légèrement différente, bien que reposant sur les mêmes principes. Elle se divise en deux : 4 critères pragmatiques évaluant chaque activité séparément et 4 critères linguistiques, communs aux 3 parties de l'épreuve. Selon le degré d'acquisition coché pour chacun des critères, le candidat obtient une note totale sur 25 points.

Critères pragmatiques pour les activités 1, 2 et 3 : l'examinateur vérifie que le candidat est capable de donner plusieurs informations simples sur lui-même, sa famille et son lieu d'habitation. Il vérifie ensuite qu'il sait décrire simplement des dessins (personnes, actions, objets, vêtements, couleurs…) et répondre à des questions sur ces mêmes dessins. Il vérifie enfin que le candidat est capable d'interagir avec lui de manière simple à travers un court dialogue et qu'il peut poser des questions en rapport avec le sujet choisi.

Critères linguistiques (lexique, morphosyntaxe, prononciation et aisance) : l'examinateur vérifie que le lexique et les structures syntaxiques sont en adéquation avec les répertoires attendus et le niveau pour chacune des activités. Il vérifie également que la prononciation d'un répertoire de niveau A1 est compréhensible. La prononciation et l'intonation sont encore très proches de celles de la langue maternelle et des erreurs se produisent encore. Enfin, l'examinateur vérifie que le candidat s'engage dans l'interaction, même s'il marque de nombreuses pauses pour chercher ses mots.

	Ø Non répondu ou production insuffisante	− A1 non acquis	+ A1 partiellement acquis	++ A1 acquis
Activité 1 : Entretien dirigé 1 min env.				
Capacité à se présenter, à décrire ses activités Peut se présenter, parler de soi et de ses activités en utilisant les actes de parole appropriés à la situation.	☐ 0	☐ 1,5	☐ 3	☐ 4
Activité 2 : Échange d'informations 2 min env.				
Capacité à décrire un événement Peut indiquer et décrire de façon simple ce que les personnes font, où elles sont.	☐ 0	☐ 0,5	☐ 1,5	☐ 2
Capacité à répondre aux sollicitations Peut répondre à des questions simples sur un événement donné.	☐ 0	☐ 1	☐ 2	☐ 3
Activité 3 : Dialogue simulé 2 min env.				
Capacité à interagir Peut poser des questions simples sur des sujets très familiers ou pour des besoins immédiats. Peut répondre à ce même type de questions.	☐ 0	☐ 2,5	☐ 4,5	☐ 6
Pour l'ensemble des 3 parties de l'épreuve				
Lexique Peut utiliser un répertoire élémentaire de mots isolés et d'expressions relatifs à des situations concrètes (son identité, sa maison, ses goûts, sa classe, etc.).	☐ 0	☐ 1	☐ 2	☐ 3
Morphosyntaxe Peut utiliser de façon limitée des structures syntaxiques et des formes grammaticales simples appartenant à un répertoire mémorisé.	☐ 0	☐ 1	☐ 2	☐ 3
Prononciation Peut prononcer un répertoire très limité d'expressions et de mots mémorisés. La prononciation est compréhensible avec quelque effort pour un locuteur natif habitué aux locuteurs du groupe linguistique du candidat.	☐ 0	☐ 0,5	☐ 1,5	☐ 2
Aisance Peut se débrouiller avec des énoncés très courts, isolés, généralement stéréotypés, avec de nombreuses pauses pour chercher ses mots si besoin.	☐ 0	☐ 0,5	☐ 1,5	☐ 2

Transcriptions

Compréhension de l'oral

Se préparer

1 Je peux comprendre des informations simples

Activité 1 p. 12 PISTE 1

Regarde les dessins et nomme chaque animal. Écoute Lina. Quel est son animal préféré ?

Bonjour, je m'appelle Lina. J'ai un petit lapin. Il s'appelle Neige. Il est blanc, il est très beau. J'adore les lapins, ils sont gentils et doux.

Activité 2 p. 12 PISTE 2

Regarde les dessins et nomme chaque aliment. Écoute Mehdi. Qu'est-ce qu'il prend pour le petit déjeuner ? Entoure les aliments sur le dessin.

Pour le petit déjeuner, je prends un bol de céréales avec du lait et je mange une pomme. Je ne prends pas de pain au chocolat ou de croissant, c'est trop sucré.

Activité 3 p. 13 PISTE 3

Regarde les dessins. Écoute la maman de Zoé. Aide Zoé à préparer ses affaires pour l'école. Coche ce qu'elle doit mettre dans son cartable.

Pour demain, prépare ton cartable : prends ta trousse et ton cahier. Ne prends pas tes crayons de couleurs, tu n'as pas cours de dessin. N'oublie pas de prendre tes lunettes !

2 Je peux comprendre des situations simples

Activité 4 p. 13 PISTE 4

Écoute le dialogue et trouve la famille de Basile, comme dans l'exemple.

Salut, je m'appelle Basile. J'habite avec mes parents, ma petite sœur de 5 ans et mon grand frère. Il a 15 ans et il est blond. Ma mère est brune, elle a des cheveux courts. Mon père a une barbe mais pas de cheveux ! Je vais souvent en vacances chez mon oncle. Il est roux avec des lunettes. Il est très drôle. Et j'adore jouer au foot avec ma grande cousine, Célia. Elle est brune avec des cheveux longs.

Activité 5 p. 14 PISTE 5

Louis et Juliette parlent de leurs activités. Lis les questions. Écoute les messages et coche la bonne réponse.

Message 1
Demain, avec l'école, je vais dans la forêt. C'est à côté du lac bleu. Nous allons regarder les arbres et les plantes. Après la sortie, nous faisons un pique-nique dans la ferme de M. Bonot.

Message 2
J'aime beaucoup le sport. Je fais du foot avec mes amis le lundi. Le samedi, je joue au basket, j'adore ça ! Cette année, je commence le tennis. C'est mon premier cours mardi, j'ai un peu peur.

Message 3
Mercredi après-midi, c'est l'anniversaire de ma copine Stella. On va au musée voir des photos d'animaux. Je préfère le cinéma mais Stella n'aime pas ça. Pour mon anniversaire, je veux aller au concert de rock !

3 Je peux comprendre un message

Activité 6 p. 15 PISTE 6

Lis les questions. Écoute les messages et réponds aux questions.

Message 1
Salut, c'est Fida ! Je t'invite à mon anniversaire lundi après-midi, au parc. C'est pour mes 11 ans. Tu peux venir ? Rendez-vous devant le parc à 15 heures. À bientôt !

Message 2
Bonjour, c'est monsieur Vidal. La fête de l'école est le mercredi 24 juin. Elle commence à 10 heures. À 13 heures, c'est fini, les élèves rentrent chez eux. Apportez une casquette, il va faire chaud !

Activité 7 p. 15 PISTE 7

Lis les questions. Écoute le message et réponds aux questions.

Salut, c'est Babacar ! On va jouer au parc demain. Tu veux venir ? Je viens à vélo, je prends des cartes dans ma poche. Kenzo apporte son ballon de basket et Flora vient avec une radio.

S'entraîner

1 Je peux comprendre des informations simples

Exercice 1 p. 16 PISTE 8

Regarde les dessins. Écoute les messages et note le numéro du message, comme dans l'exemple.

Exemple
Tu entends : message 1
Salut, je m'appelle Louis. Ma matière préférée, c'est la musique. Mais je n'aime pas les mathématiques, c'est trop difficile.
Tu écris 1 à côté des dessins correspondants.
Attention, nous commençons ! Écoute bien.

Message 2
J'aime bien aller au musée avec mes parents, c'est super ! Mais je n'aime pas faire les courses, c'est ennuyeux !

Message 3
Pour le petit déjeuner, je mange un pain au chocolat, c'est très bon ! Je ne bois pas de lait, je n'aime pas !

Message 4
Ma saison préférée, c'est l'hiver. Je peux faire de la luge, c'est génial ! Je n'aime pas l'été, il fait trop chaud.

Exercice 2 p. 17 PISTE 9

Regarde les dessins. Écoute les messages et note le numéro du message. Attention nous commençons ! Écoute bien.

Message 1
Moi c'est Lilly. J'aime aller au karaté le mercredi. Le professeur est très sympa ! Je prends aussi des cours de piano, mais c'est trop difficile.

Message 2
Je vais à l'école à pied. C'est long et l'hiver, j'ai froid. Je préfère prendre le bus. J'ai chaud et c'est rapide !

Message 3
J'adore jouer aux cartes avec ma petite sœur. Je gagne souvent ! On n'a pas de jeux vidéo à la maison, je n'aime pas ça.

Message 4
Je vais souvent à la bibliothèque. C'est calme. Je peux lire. C'est super ! Mais je déteste le marché. Il y a beaucoup de bruit.

Je peux comprendre des situations simples

Exercice 3 p. 18 PISTE 10

Regarde les dessins. Écoute les dialogues et note le numéro du dialogue sous le dessin correspondant.
Attention, nous commençons ! Écoute bien.
Dialogue 1
– Tu fais quoi ?
– Je prépare un gâteau pour l'anniversaire de Liam. Tu m'aides ?
– Oui, j'adore cuisiner !
Dialogue 2
– Je peux regarder la télé ?
– Non, tu dois faire tes devoirs.
Dialogue 3
– Il est très joli ton dessin !
– Il est pour toi, papa !
– Merci ma chérie.
Dialogue 4
– Tu veux mettre quel pull ? Le vert ou le jaune ?
– Le jaune, c'est mon préféré !

Exercice 4 p. 19 PISTE 11

Regarde les dessins. Écoute les dialogues et note le numéro du dialogue sous le dessin correspondant.
Attention, nous commençons ! Écoute bien.
Dialogue 1
– On va jouer au ballon. Tu viens avec nous ?
– Non merci, je dois finir mon livre pour demain.
Dialogue 2
– Tu veux ma pomme ? Je n'ai plus faim.
– Oh oui, merci, j'adore les fruits ! Tiens, voilà mon yaourt.
Dialogue 3
– Les exercices de maths sont difficiles. Tu comprends, toi ?
– Oui, je comprends. Regarde sur mon cahier, je t'explique.
Dialogue 4
– Oh non, je n'ai pas ma trousse. Elle est chez moi.
– Tiens, voilà un stylo bleu. J'ai un stylo vert aussi.

Je peux comprendre un message

Exercice 5 p. 20 PISTE 12

Lis les 4 questions. Regarde les dessins. Écoute le message et réponds aux questions.
Attention, nous commençons ! Écoute bien.
Coucou, c'est Pablo. Dimanche, je vais au cinéma avec ma grand-mère. Tu viens avec nous ? On va voir un super film sur les animaux. Après, on va prendre le goûter ensemble. Ma grand-mère prépare une tarte aux pommes, j'adore ça ! Apporte ton ballon, on va jouer au foot !

Exercice 6 p. 21 PISTE 13

Lis les 4 questions. Regarde les dessins. Écoute le message et réponds aux questions.
Attention, nous commençons ! Écoute bien.
Coucou, c'est Manon ! Je ne viens pas au cours de piano avec toi cet après-midi, j'ai mal au ventre. Je vais dormir un peu. Demain, à 10 h avec ma classe, on visite la bibliothèque. À 11 h, on va écouter une histoire. C'est mieux que le cours de maths !

Prêt pour l'examen
Une journée à l'école
À toi de jouer ! p. 23 PISTE 14

Écoute la petite fille et écris le numéro de la phrase sous le dessin correspondant.
1. Le mercredi après-midi, je fais du basket. J'adore jouer au ballon avec mes copains et mes copines.
2. Après l'école, je fais mes devoirs avec ma mère. J'adore l'école mais je n'aime pas les devoirs !
3. Le midi, je mange à la cantine avec mes copains et mes copines. On rigole bien !

Production orale

Se préparer

Je peux parler de moi

Activité 1 p. 58 PISTE 15

Écoute les deux enfants et coche les bonnes réponses.
– Je m'appelle Frank et je suis allemand. J'habite à Berlin. J'ai deux sœurs : une petite sœur qui s'appelle Mila, elle a 3 ans, et une grande sœur, Élodie, qui a 14 ans.
– Moi, c'est Zoé, ma matière préférée à l'école, c'est la musique. Je joue du piano et de la guitare. Je n'aime pas les mathématiques, c'est difficile.

Je peux raconter et échanger à propos d'un événement

Activité 2 p. 58 PISTE 16

Écoute les trois descriptions et note le bon numéro.
1. Une petite fille et son papa font de la musique. Ils sont sur le canapé, dans le salon. La petite fille chante. Elle a les cheveux noirs. Son père joue de la guitare. Il a un pull blanc et un pantalon bleu.
2. Quatre garçons et quatre filles sont avec leur maîtresse, dans la classe. Ils ont 9 ou 10 ans. Ils sont devant un ordinateur et font des exercices. Ils sont contents.
3. Une petite fille est à côté de sa grand-mère. Elle a une robe bleue. Elle fait de la peinture avec ses mains. Elle s'amuse.

Je peux demander, choisir quelque chose

Activité 4 p. 59 PISTE 17

Écoute les trois personnes. Elles te demandent de choisir un objet ou un plat. Coche ton choix et fais une phrase à l'oral.
Personne 1
Nous avons des pantalons de sport gris ou verts, des chaussures bleues et des tee-shirts rouges. Qu'est-ce que tu aimerais ?
Personne 2
Alors, comme dessert, il y a du gâteau au chocolat, de la tarte aux pommes, des fruits ou des crêpes. Qu'est-ce que tu prends ?
Personne 3
Tu cherches un cadeau pour ton professeur ? Quelle bonne idée ! Nous avons des livres, des CD de musique, des boîtes de chocolats. Ah ! Nous avons aussi un beau stylo noir. Alors, qu'est-ce que tu choisis ?

Épreuve blanche

Compréhension de l'oral PISTE 18

Tu écoutes plusieurs documents. Il y a 2 écoutes. Avant chaque écoute, tu entends le son suivant : 🔔

Exercice 1

Regarde les dessins. Écoute les messages et note le numéro du message, comme dans l'exemple.

Exemple
Tu entends : message 1
Salut, je m'appelle Stephano. J'adore la musique ! Je chante et je joue de la guitare. Mais je n'aime pas jouer du piano, c'est difficile.
Écoute encore. (Salut, je m'appelle Stephano…)
Tu écris 1 à côté des dessins correspondants.
Attention, nous commençons ! Écoute bien.
Message 2
Pour aller en vacances, je préfère prendre le train. Je peux lire des bandes dessinées. Mais voyager en voiture, non. C'est trop long !
Écoute encore. (Pour aller en vacances…)
Message 3
J'aime bien aller à l'école, mais je déteste les mathématiques. C'est difficile. Ma matière préférée c'est le français. C'est super, j'adore !
Écoute encore. (J'aime bien aller à l'école…)
Message 4
Le week-end, je cuisine avec mon père. On fait des gâteaux. On s'amuse bien ! Mais faire les courses au supermarché avant, c'est ennuyeux.
Écoute encore. (Le week-end…)
Message 5
Ma couleur préférée c'est le vert ! Mon vélo est vert. Mes copains aiment le bleu mais pas moi ! Je n'aime pas cette couleur.
Écoute encore. (Ma couleur préférée c'est le vert…)

Exercice 2

Regarde les dessins. Écoute les dialogues et note le numéro du dialogue sous le dessin correspondant.
Attention, nous commençons ! Écoute bien.
Dialogue 1
– Qu'est-ce que je mets pour aller à l'école ?
– Mets ton gros manteau, il fait très froid ce matin.
Écoute encore. (– Qu'est-ce que je mets…)
Dialogue 2
– J'ai faim. Je peux avoir encore de la pizza ?
– D'accord, mais prends aussi de la salade.
Écoute encore. (– J'ai faim…)
Dialogue 3
– Papa, tu veux jouer avec moi ?
– Oui, bien sûr ! On peut jouer aux cartes dans le salon.
Écoute encore. (– Papa, tu veux jouer avec moi…)
Dialogue 4
– C'est l'heure d'aller au lit !
– Tu peux me lire une histoire avant de dormir ? Mon livre est là.
Écoute encore. (– C'est l'heure d'aller au lit…)

Exercice 3

Lis les 4 questions. Regarde les dessins. Écoute le message et réponds aux questions.
Attention, nous commençons ! Écoute bien.
Salut, c'est Nihal ! Je t'invite mercredi 16, à 15 h. J'habite 13 rue Dino. J'ai une petite piscine chez moi, apporte ton maillot de bain. Après, on peut aller au parc avec Flocon, mon chien. Il adore jouer avec son ballon ! On peut manger une glace aussi là-bas. Bisous !
Écoute encore. (Salut, c'est Nihal…)
La partie compréhension de l'oral est terminée.

Compréhension des écrits PISTE 19

Exercice 1
Lis ce message et réponds aux questions.

Exercice 2
Tu veux envoyer une carte à ton meilleur ami. Tu lis ces instructions dans un magazine français. Note le numéro de l'instruction sous le dessin correspondant, comme dans l'exemple.

Exercice 3
Tu lis cette annonce dans un magazine francophone. Réponds aux questions.

Exercice 4
Tu es à l'école en France. Tu lis cet article dans le journal de l'école. Réponds aux questions.
La partie compréhension des écrits est terminée.

Production écrite PISTE 20

Exercice 1
Ton école organise un voyage avec une école en France. Tu te présentes aux élèves de la classe française. Remplis cette fiche.

Exercice 2
Tu es en vacances avec ta famille. Tu écris une lettre à un ami francophone pour raconter tes vacances. Tu dis où est-ce que tu es. Tu racontes tes activités. Tu parles aussi de la météo. Écris 8 lignes environ. Tu peux t'aider des dessins.
La partie production écrite est terminée.

Production orale

Activité 1 PISTE 21

Je vais te poser des questions. Tu réponds aux questions. Si tu ne comprends pas la question, tu me dis.
Tu t'appelles comment ?
Tu as quel âge ?
Quelle est ta nationalité ?
Comment s'appellent tes parents ?
Tu as des frères et sœurs ? Ils ont quel âge ?
Tu as un animal ? Il est comment ?
Où est-ce que tu habites ? Tu as un jardin ?
Qu'est-ce que tu fais après l'école ? Le week-end ?
Tu fais quel sport ?
Quelle est ta matière préférée ?
À quelle heure commencent les cours ?
Tu viens comment à l'école ?

Activité 2 PISTE 22

Un adulte choisit l'histoire 1 ou l'histoire 2. Regarde ces dessins. Il y a 6 dessins. Tu dois raconter l'histoire. Je te laisse observer les dessins et réfléchir. Nous commençons quand tu es prêt.

Activité 3 PISTE 23

Regarde ces 2 situations et choisis-en une. Nous allons parler ensemble sur ce sujet. Tu joues le rôle de l'enfant et moi le rôle du serveur ou de l'employé. Je te laisse observer les dessins et réfléchir. Nous commençons quand tu es prêt.
La partie production orale est terminée.

Corrigés

Compréhension de l'oral

Se préparer

Activité 1 p. 12
Photo B.
Écoute la description de l'animal préféré de Lina. Lina dit deux fois le mot « lapin » et elle dit qu'il est « blanc ».

Activité 2 p. 12
Entourer les éléments suivants :

Écoute ce que prend Mehdi pour le petit déjeuner (bol de céréales, bouteille de lait et pomme). Attention, il parle de ce qu'il aime et aussi de ce qu'il n'aime pas manger (pain au chocolat et croissant) !

Activité 3 p. 13
Photo B (trousse), photo D (lunettes), photo G (cahier).
Attention, la maman de Zoé dit ce que Zoé doit mettre dans son cartable mais aussi ce qu'elle ne doit pas prendre (des crayons de couleurs).

Activité 4 p. 13
Écoute la description physique de la famille de Basile. Pour chaque personne, il y a un ou deux mots pour t'aider :

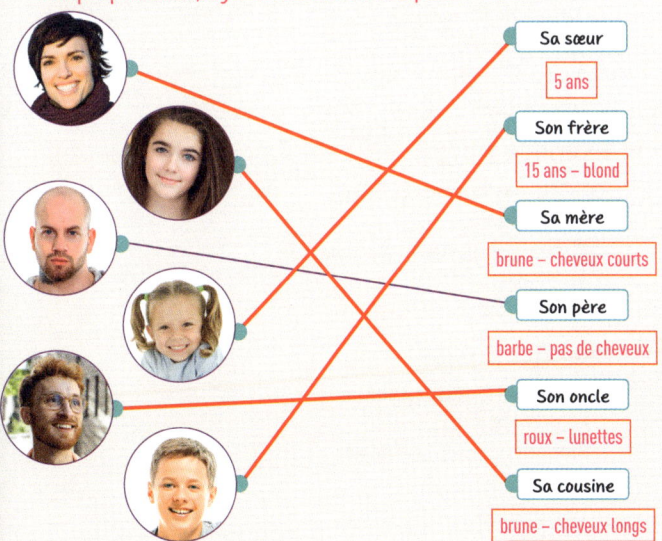

Activité 5 p. 14
Pour trouver le bon dessin, voici les mots importants à comprendre :
1. Dessin C (forêt, arbres, plantes)
2. Dessin A (tennis, premier cours mardi)
3. Dessin A (musée, photos d'animaux)

Activité 6 p. 15
Message 1 : **1.** Lundi. / **2.** À 15 heures.
Message 2 : **1.** Le (mercredi) 24 juin. / **2.** À 10 heures.
Révise les nombres de 1 à 31.

Activité 7 p. 15
Les verbes *apporter*, *prendre* et *venir avec* veulent dire la même chose.
1. Photo B (cartes)
2. Photo C (ballon de basket)
3. Une radio.

S'entraîner (25 points)

Exercice 1 p. 16
2 points par bonne réponse
Pour trouver les dessins où Louis est content, les mots importants sont : « ma matière préférée », « j'aime bien », « c'est super », « c'est très bon », « ma saison préférée », « c'est génial ».
Pour trouver les dessins où Louis n'est pas content, les mots importants sont : « je n'aime pas », « c'est trop difficile », « c'est ennuyeux », « il fait trop chaud ».
Dessin A : Message n° 1 (exemple)
Dessin B : Message n° 2 (musée, parents, courses)
Dessin C : Message n° 4 (hiver, luge, été, chaud)
Dessin D : Message n° 3 (petit déjeuner, pain au chocolat, lait)

Exercice 2 p. 17
2 points par bonne réponse
Pour trouver les dessins où Lilly est contente, les mots importants sont : « j'aime aller », « très sympa », « je préfère », « j'adore », « c'est super ».
Pour trouver les dessins où Lilly n'est pas contente, les mots importants sont : « c'est trop difficile », « c'est long », « je n'aime pas ça », « je déteste ».
Dessin A : Message n° 2 (à pied, hiver, froid, bus)
Dessin B : Message n° 1 (karaté, piano, difficile)
Dessin C : Message n° 4 (bibliothèque, calme, marché, bruit)
Dessin D : Message n° 3 (jouer aux cartes, gagne, jeux vidéo)

Exercice 3 p. 18
2 points par bonne réponse
Dessin A : Dialogue n° 3 (joli, dessin, papa, merci)
Dessin B : Dialogue n° 1 (gâteau, anniversaire, cuisiner)
Dessin C : Dialogue n° 4 (pull, vert, jaune)
Dessin D : Dialogue n° 2 (télé, devoirs)

Exercice 4 p. 19
2 points par bonne réponse
Dessin A : Dialogue n° 4 (tiens, stylo)
Dessin B : Dialogue n° 3 (exercices difficiles, regarde sur mon cahier)
Dessin C : Dialogue n° 2 (pomme, yaourt)
Dessin D : Dialogue n° 1 (ballon, livre)

Exercice 5 p. 20
9 points
1. Dessin C (cinéma) (2 points)
2. Sa grand-mère. (2 points)
3. Photo C (tarte aux pommes) (2 points)
4. Un ballon (de foot). (3 points)

Exercice 6 p. 21

9 points
1. Photo A (cours de piano) (2 points)
2. Dormir (un peu). (3 points)
3. À 10 heures. (2 points)
4. Dessin B (écouter une histoire) (2 points)

Prêt pour l'examen
À toi de jouer p. 23

Dessin A : Phrase n° 3
Dessin B : Phrase n° 2
Dessin C : Phrase n° 1

Compréhension des écrits

Se préparer
Activité 1 p. 28

En bleu : Mardi matin, L'après-midi, Après le film, Mercredi, Jeudi, à 16 h 30
En vert : à la campagne, la ferme, au cinéma, au restaurant, près de la rivière, chez moi, à la gare
En rouge : visiter la ferme, donner à manger à ses animaux, aller au cinéma, manger une pizza, faisons une grande promenade à vélo, pique-niquer
En noir : du voisin, mon oncle, Ma tante, Mon père

Activité 2 p. 29

Entourer les éléments suivants :

un stylo   des ciseaux   un cahier   une trousse   de la colle

Activité 3 p. 30

1. *Entourer :* mairie, boulangerie, bibliothèque, école, (place du) marché, cinéma, musée, restaurant et piscine.
Si tu as 3 erreurs ou plus, révise les lieux de la ville.
2. Au cinéma.
3. Sur la place du marché. (un concert c'est quand des personnes jouent ensemble de la musique)
4. Devant le restaurant (Divine). (le départ c'est le moment pour partir)

Activité 4 p. 31

1. **En vert :** des sandwichs, des tartes, des glaces
En rouge : la cantine, la cour de récréation, le gymnase, la bibliothèque
En noir : mercredi 21 juin, à 14 h, de 15 h à 16 h, à 17 h
En bleu : Mme Morel, M. Bertoni
2. Photo B (vous dessinez)

S'entraîner (25 points)
Exercice 1 p. 32

1 point par bonne réponse
1. À la mer.
2. Dessin A (nous baigner)
3. Du volley.
4. Dessin C (restaurant, anniversaire)

Exercice 2 p. 33

1 point par bonne réponse
1. Dessin A (poney)
2. Il ne marche pas vite.
3. Photo C (forêt)
4. Il danse.
Le matin, c'est de 7 h à 12 h. Entre 12 h et 13 h, c'est le midi (l'heure du déjeuner). L'après-midi, c'est de 13 h à 18 h. Entre 18 h et 22 h, c'est le soir. Après, c'est la nuit !

Exercice 3 p. 34

1 point par bonne réponse
Dessin A : Instruction n° 2 (écris, texte)
Dessin B : Instruction n° 4 (lis, livre)
Dessin C : Instruction n° 5 (colle, photo)
Dessin D : Instruction n° 1 (exemple)
Dessin E : Instruction n° 6 (exercices, mathématiques)
Dessin F : Instruction n° 3 (dessine, animal)

Exercice 4 p. 35

1 point par bonne réponse
Dessin A : Instruction n° 5 (carte de France)
Dessin B : Instruction n° 2 (enveloppe, timbre)
Dessin C : Instruction n° 1 (appareil photo)
Dessin D : Instruction n° 4 (vêtements, valise)
Dessin E : Instruction n° 6 (sandwich, petit sac)
Dessin F : Instruction n° 3 (film, mer, poissons)

Exercice 5 p. 36

2 points par bonne réponse
1. Mercredi.
2. Les animaux (de la mer).
3. Photo C (crayons de couleurs)
4. À 16 h.

Exercice 6 p. 37

2 points par bonne réponse
1. Dimanche (9 avril).
2. Leurs parents.
3. Photo A (jeux de ballons)
4. Une casquette. (c'est un chapeau pour se protéger du soleil)

Exercice 7 p. 38

2 points par bonne réponse
1. Mardi 10 juin.
2. Photo B (jeux vidéo)
3. Au deuxième étage.
4. Pour l'école (cahiers, stylos, cartables)

Exercice 8 p. 39

2 points par bonne réponse
1. Au gymnase.
2. Prendre un petit déjeuner.
3. Photo A (verre de lait)
4. Une orange.

Prêt pour l'examen
À toi de jouer p. 41

Photo A : mot n° 4
Photo B : mot n° 1
Photo C : mot n° 3
Photo D : mot n° 2

Production écrite

Se préparer

Activité 1 p. 46
Prénom : Gabriel
Âge : 9 ans
Date de naissance : 3 novembre 2016 Pour la date, pense à donner un jour, un mois, une année.
Classe : CM1
Adresse : 8 rue de Brest
Ville : Strasbourg
Code postal : 67 000 C'est toujours un nombre avec 5 chiffres.
Pays : FRANCE
Nationalité : portugaise La nationalité est toujours au féminin.
Téléphone : 06 39 98 54 28
Sport préféré : la danse
Plat préféré : la quiche

Activité 2 p. 46
Regarde bien la couverture des livres et décris ce que tu vois.
Réponses possibles :
Livre 1
a. La petite fille s'appelle Cici. Elle a les cheveux noirs et longs. Ses yeux sont noirs. Elle porte un tee-shirt rouge et un chapeau blanc. Elle est sérieuse et elle aime cuisiner.
b. Cici est dans la cuisine.
c. Cici cuisine. / Cici fait la cuisine.
Livre 2
a. Il y a un petit garçon avec ses 3 amis et son chien. Ses cheveux sont noirs. Il porte une veste rouge et un pantalon vert. Il a des chaussures blanches. Il marche sur la plage. Il a froid.
b. Les 4 personnages sont sur la plage.
c. Il pleut, il fait froid, il y a du vent.

Activité 3 p. 47
Réponses possibles :
a. Mehdi nage dans la mer.
Juliette (est au musée, elle) regarde des photos d'animaux. / Mehdi dessine un éléphant.
Juliette joue aux cartes. / Mehdi mange un sandwich.
b. • En vacances, je visite des villes.
• Je me promène avec mes parents.
• À l'école, je fais mes exercices de français.
• Je joue avec mes amis à la récréation.

S'entraîner

 Je peux compléter un formulaire
Tu peux écrire des informations qui ne sont pas vraies pour toi : un autre prénom, une autre nationalité… L'important, c'est d'écrire des informations correctes en français.

Exercice 1 p. 48
Attention, quand tu écris ton âge, n'oublie pas de mettre « ans ».
Réponses possibles :
Ton prénom : Mantana
Ton âge : 11 ans
Ta classe : 6e
Le nom de ton professeur de musique : Monsieur Lubin
Le numéro de téléphone de ton père ou de ta mère : 07 89 01 39 76
Ton adresse (numéro et rue) : 1 rue de Brest
Ta ville : Toulouse
Ton instrument de musique préféré : le piano
Ton chanteur ou ton groupe de musique préféré : Angèle
Tu peux prendre des cours quel jour ? mercredi

Exercice 2 p. 49
En français, la date commence par le jour + le mois + l'année. Attention, la nationalité n'est pas le nom de ton pays. C'est un adjectif féminin. Il s'écrit sans majuscule.
Réponses possibles :
Prénom : Misato
Date de naissance : 29 août 2017
Adresse (numéro et rue) : 15 rue de l'Orme
Profession de ton père ou de ta mère : coiffeur
Nationalité : japonaise
Tu parles quelle langue ? Le japonais
Tu viens comment à l'école ? En bus
Tes 2 activités préférées : le cinéma – le karaté
Ta couleur préférée : vert

2 Je peux rédiger un message simple
Pour commencer ton message, n'oublie pas de dire bonjour.
Tu dois aussi dire au revoir à la fin.
Les dessins sont là pour t'aider, pour te donner des idées, mais tu peux écrire d'autres informations.
La consigne demande d'écrire à un ami français mais tu peux écrire à une amie française. Les deux sont possibles.

Exercice 3 p. 50
Réponse possible :
Salut Cédric,
Je suis au camping avec mon ami Léon et sa famille, c'est génial ! La maman de Léon s'appelle Estelle, elle est très gentille. Son papa s'appelle Frank, il adore jouer aux cartes. Le matin, on joue au volley sur la plage et on nage dans la mer. L'après-midi, on mange des glaces car il fait chaud. Le soir, on va au restaurant du camping. Il y a des pizzas très bonnes. Demain, on va à l'aquarium pour voir les poissons. Et toi ?
À bientôt,
Lucas

Exercice 4 p. 51
Réponse possible :
Salut Claire,
Tu vas bien ? J'ai une nouvelle maison. Elle est bleue, avec un grand jardin. J'adore ma chambre ! Il y a un lit blanc et un bureau avec une chaise jaune.
Le soir, je regarde la télévision avec ma famille. Le week-end, je joue aux cartes avec mon petit frère et je cours dans le jardin avec Pipo, mon chien. J'aime faire la cuisine aussi avec papa.
Bisous !
Renate

Prêt pour l'examen

À toi de jouer p. 53

Cher Blaise,
Je suis en vacances à la montagne avec ma famille et mon chien. Il fait beau. Je fais de la randonnée avec mon cousin.
Et toi ? Tu fais quoi pendant les vacances ?
Gros bisous !

Blaise SCHMITT
6 rue du 11 Novembre
38000 Grenoble

Production orale

Se préparer

Activité 1 p. 58
1. **B** Allemande. (Je suis allemand.)
2. **C** 14 ans. (une grande sœur, Élodie, qui a 14 ans)
3. **B** La musique. (ma matière préférée à l'école, c'est la musique)
4. **C** Les mathématiques. (Je n'aime pas les mathématiques, c'est difficile.)

Activité 2 p. 58
A : n° 3 (petite fille, grand-mère, robe bleue, peinture, mains)
B : n° 1 (petite fille, papa, musique, canapé, salon, chante, cheveux noirs, guitare, pull blanc, pantalon bleu)
C : n° 2 (garçons, filles, maîtresse, ordinateur, exercices)

Activité 3 p. 59
Révise les questions : l'ordre des mots, les questions avec « est-ce que », les différents types de question (où, combien, quand, quel, qui…).
a. 6 (combien)
b. 2 (Quel)
c. 7 (quelles)
d. 4 (Est-ce que)
e. 1 (à quelle)
f. 5 (Qu'est-ce qu')
g. 3 (où)

Activité 4 p. 59
Note les informations de chaque dialogue (vêtements, couleurs, plats, cadeaux) et choisis une ou deux choses.
Réponses possibles :
J'aimerais un pantalon de sport gris et un tee-shirt rouge.
Je prends de la tarte aux pommes s'il vous plaît.
Je choisis une boîte de chocolats et le stylo noir.

S'entraîner

1 Je peux parler de moi
Tu réponds aux questions. Tu peux ajouter des informations.

Exercice 1 p. 60
Réponses possibles :
Je m'appelle Léon, ça s'écrit L.E.O.N. J'habite à Rouen. J'ai 11 ans. J'ai une petite sœur, elle s'appelle Adèle, elle a 9 ans. Mon papa est cuisinier. Ma maman est architecte. J'ai un chat, il s'appelle Moustache.

Exercice 2 p. 60
Réponses possibles :
Je vais en vacances chez mes grands-parents. Ils habitent dans une petite ville. L'été, je vais à la plage avec mes parents, j'aime nager dans la mer. Le soir, je fais mes devoirs à la maison, je mange avec ma famille et je lis un peu. Le mardi, après l'école, je vais au cours de piano et le vendredi, je fais du tennis. J'adore les mathématiques ! C'est facile. Ma professeure de français est grande. Elle a des lunettes et elle est très gentille. Le matin, je me réveille à 7 heures. Mais le samedi, je me réveille tard, à 9 heures. Je viens à vélo. J'habite à côté de l'école.

2 Je peux raconter et échanger à propos d'un événement
Tu décris ce que tu vois sur les dessins : qui sont les personnes sur les dessins ? Tu peux décrire leurs vêtements, dire si elles sont heureuses ou tristes, expliquer ce qu'elles font. Dis aussi où se passe l'histoire (à l'école, au cinéma, sur le marché, …)

Exercice 3 p. 61
Histoire : La journée à l'école de Lilly
Réponses possibles :
Lilly prend le bus avec ses amis. Elle va à l'école. Elle est dans la cour de récréation. Lilly a un cours de mathématiques. Elle fait des exercices. À midi, elle mange avec ses amis à la cantine. Elle aime manger des légumes et du poisson. Pour le dessert, elle mange une pomme. Lilly nage à la piscine. Sa grand-mère vient à l'école. Lilly et sa grand-mère rentrent ensemble.

Exercice 4 p. 62
Histoire : Pablo à la campagne
Réponses possibles :
Pablo est devant sa maison. Il a un pantalon vert et un tee-shirt rouge. Il a un sac. Sa maman est dans la voiture jaune. Pablo arrive chez ses grands-parents. Ils habitent une maison avec un jardin. Ils ont un chien marron. La maman de Pablo a une robe rouge. Il fait beau. Ils sont dans la forêt. Il y a des arbres et des fleurs jaunes. La maman de Pablo regarde un oiseau. La grand-mère de Pablo prend des champignons. Le grand-père boit de l'eau. Ils se promènent dans la forêt mais il y a de la pluie. La grand-mère a un parapluie bleu. Pablo n'est pas content, il a froid. Le chien joue avec un chat. La famille est dans la cuisine. Les grands-parents et la mère de Pablo sont à table. Ils mangent des crêpes et ils boivent un chocolat chaud. Pablo joue avec le chien. Pablo rentre chez lui. Il est avec ses grands-parents devant leur maison. Le grand-père dit au revoir avec la main. La maman prend une photo.

3 Je peux demander, choisir quelque chose

Exercice 5 p. 63
Tu dois commencer le dialogue. Pense à dire « bonjour ». Tu dois aussi dire « au revoir » à la fin. Les photos sont là pour t'aider, pour te donner des idées, mais tu peux demander d'autres informations. Pense à utiliser les formules de politesse « Je voudrais… », « j'aimerais… ».

Situation : À la cantine
Réponses possibles :
– Bonjour madame/monsieur. Qu'est-ce qu'il y a pour le déjeuner aujourd'hui ?
– Bonjour ! Aujourd'hui, c'est du poisson avec du riz et des tomates.
– Ah, je ne mange pas de poisson. Est-ce que vous avez un plat avec des légumes ?
– Oui, nous avons de la ratatouille.
– Qu'est-ce qu'il y a dans la ratatouille ?
– Alors il y a des tomates, des courgettes et d'autres bons légumes. Tu aimes ça ?
– Oui j'adore ça ! Je vais prendre ce plat.
– Tu veux un peu ou beaucoup de ratatouille ?
– Je voudrais beaucoup de ratatouille, s'il vous plaît
– Voilà ! Tu prends autre chose ?
– Oui, je voudrais aussi un dessert. Est-ce que vous avez de la mousse au chocolat ?
– Non, désolé, nous n'avons pas de mousse au chocolat. Nous avons des yaourts, une tarte aux fruits ou des bananes.
– Je n'aime pas les yaourts, je préfère les fruits. Je vais prendre une tarte aux fruits s'il vous plaît.
– Voilà, bon appétit !
– Merci, au revoir !

Exercice 6 p. 64

Tu expliques les goûts de ton ami et tu poses des questions sur les objets des dessins (couleur, taille, prix…). Tu dois parler longtemps ! N'oublie pas de dire « vous » à l'examinateur.

Situation : Au magasin de souvenirs
Réponses possibles :
– Bonjour madame/monsieur !
– Bonjour !
– Je voudrais un cadeau pour mon ami, c'est son anniversaire jeudi prochain.
– Ah super. Il aime quoi ton ami ?
– Il aime lire et faire du sport. Il aime bien les animaux aussi.
– Alors, nous avons des livres, des bandes dessinées. On a aussi un tee-shirt de football avec la tour Eiffel.
– Le tee-shirt est de quelle couleur ?
– Il est jaune, avec un peu de bleu et de rouge.
– Il coûte combien ?
– Il coûte 15 euros.
– Ah, c'est un peu cher. Et mon ami n'aime pas la couleur jaune. Vous avez quoi comme bandes dessinées ?
– On a Astérix et Obélix. Tu connais ? C'est très drôle.
– Oui je connais, mais mon ami ne connaît pas. Vous avez des livres sur les animaux ?
– Non, mais nous avons une jolie photo avec un cheval blanc. Tiens, regarde !
– Ah oui, c'est bien pour mon ami. Il va aimer la photo, il adore les chevaux. Combien coûte la photo ?
– Elle n'est pas chère : 8 euros.
– Je choisis la photo alors. Vous avez des chocolats ?
– Oui, ils sont très bons.
– Je prends des chocolats avec la photo.
– Tu veux une petite boîte ou une grande boîte ?
– Une petite boîte s'il vous plaît.
– Voilà !
– Merci. Au revoir !

Exercice 7 p. 65

Tu commences le dialogue. Pose des questions sur la fête : quoi, où, quand, quelles activités. Tu peux dire « tu » à l'examinateur parce qu'il joue le rôle de ton ami.

Situation : Fête du village
Réponses possibles
– Salut ! Qu'est-ce qu'on peut faire aujourd'hui ?
– Il y a une fête dans le village, on pourrait y aller ?
– C'est une fête pour quoi ?
– C'est la fête de l'été, c'est super, tu sais ! J'y vais tous les ans avec ma famille.
– Qu'est-ce qu'on peut faire à la fête ? Il y a de la musique ?
– Oui, il y a un grand concert ce soir. Et l'après-midi, les enfants de l'école de musique chantent dans la rue.
– Ils chantent bien ?
– Oui, ça va.
– Je préfère le concert ce soir. Est-ce qu'il y a des jeux ?
– La piscine est ouverte. On peut jouer avec des ballons, c'est amusant. On peut aller à la bibliothèque aussi. Ils vont lire des histoires.
– Ah oui, c'est intéressant. On pourrait aller à la bibliothèque et après jouer dans la piscine ?
– Les histoires, c'est à 16 h. On peut aller à la piscine et après à la bibliothèque ?
– Bonne idée ! On peut manger et boire à la fête ?
– Oui, bien sûr ! Il y a des crêpes, des gâteaux, des sandwichs, des jus de fruits…
– Super, j'adore les crêpes ! On peut acheter des cadeaux aussi ?
– Oui, les enfants du village vendent leurs jouets. Tu peux trouver un livre ou un jeu.
– À quelle heure commence la fête ?
– À 10 heures.
– Alors on peut aller acheter des jouets et des crêpes maintenant ? Et après les histoires, on va au grand concert ce soir ?
– Oui, super !

Prêt pour l'examen
À toi de jouer p. 67

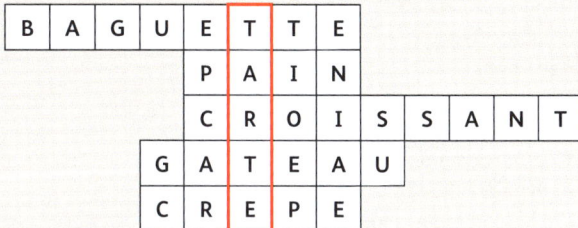

Épreuve blanche
Compréhension de l'oral

Exercice 1 p. 70-71

Dessins A : Message n° 1 (exemple)
Dessins B : Message n° 5 (couleur préférée, le vert, vélo vert)
Dessins C : Message n° 3 (déteste les mathématiques, matière préférée, le français)
Dessins D : Message n° 2 (préfère le train, lire, voiture, non)
Dessins E : Message n° 4 (cuisine, des gâteaux, s'amuse, courses, ennuyeux)

Exercice 2 p. 72

Dessin A : Dialogue n° 2 (pizza, salade)
Dessin B : Dialogue n° 4 (lit, dormir, livre)
Dessin C : Dialogue n° 1 (école, gros manteau)
Dessin D : Dialogue n° 3 (jouer, cartes, salon)

Exercice 3 p. 73

1. À 15 h.
2. Dessin C (apporte ton maillot de bain)
3. Avec son chien (Flocon).
4. Dessin A (manger une glace)

Compréhension des écrits

Exercice 1 p. 74-75

1. Dessin A (au cinéma)
2. À 16 h. (Il nous attend devant l'école à 16 h.)
3. Dessin B (avec sa voiture)
4. Les devoirs. (Après le film, on peut faire nos devoirs ensemble.)

Exercice 2 p. 76-77

Dessin A : Instruction n° 6 (colle, timbre, enveloppe)
Dessin B : Instruction n° 1 (exemple)
Dessin C : Instruction n° 4 (prends, enveloppe)
Dessin D : Instruction n° 2 (découpe, cœur)
Dessin E : Instruction n° 3 (écris, message)
Dessin F : Instruction n° 5 (écris, adresse)

Exercice 3 p. 78-79

1. Dimanche (2 octobre).
2. À 10 h.
3. Dessin C (des vêtements de sport)
4. Par courriel. (dansenfant@gmail.com)

Exercice 4 p. 80-81
1. À l'école (Simone Veil).
2. Manger. (un pique-nique, quiches, salades)
3. Dessin B (une boisson)
4. Les enfants vont en cours.

Production écrite

Exercice 1 p. 82
Réponses possibles :
Prénom : Ayouba
Âge : 9 ans
Nationalité : sénégalaise
Adresse (numéro et rue) : 12 rue Victor Hugo
Nombre de frères et sœurs : 1 frère et 2 sœurs
Activité préférée : chanter
Couleur préférée : rouge
Animal préféré : chien
Plat préféré : poulet et riz
Matière préférée à l'école : musique

Exercice 2 p. 83
Réponses possibles :
Salut !

Je suis en vacances avec mes parents à la montagne. Nous dormons au camping, dans une tente, c'est super ! Il fait un peu froid mais il y a du soleil. L'après-midi, nous faisons des randonnées et du vélo, près d'un lac. Demain, on va se baigner dans la rivière. À côté du camping, il y a un cheval. Avec ma sœur, on lui donne des pommes ou des carottes. Il adore ça ! Le soir, on mange une pizza au camping.

À bientôt !
Sirisha

Production orale

Activité 1 · Entretien dirigé p. 84
Réponses possibles :
Je m'appelle Mia. J'ai 10 ans. Je suis polonaise. Mon père s'appelle Sacha. Ma mère s'appelle Eva. J'ai un grand frère, il s'appelle Costa, il a 15 ans. J'ai une petite sœur, elle s'appelle Lucia, elle a 8 ans. J'ai un lapin, il s'appelle Carotte, il est roux, il est très gentil. J'habite dans une maison, en ville. Je n'ai pas de jardin. Après l'école, je vais jouer au parc avec mes amis. Le week-end, je lis et je fais de la cuisine. Je fais du basket. Ma matière préférée est l'histoire. Les cours commencent à 8 h 30. Je viens à l'école en bus.

Activité 2 · Échange d'informations p. 84
Histoire 1 : Une sortie en ville
Réponses possibles :
Un garçon attend le bus avec sa maman. Ils sont dans un magasin de vêtements. La maman veut acheter un pull jaune et un pantalon bleu au garçon. Il n'aime pas les vêtements. Ils sont dans un magasin de sport. Le garçon préfère acheter un pantalon de sport et un pull rouges. La maman n'est pas très contente. Ils sont au cinéma. Le garçon boit un jus d'orange. Il y a des amis. Ils regardent un film avec un super-héros. Ils mangent une pizza dans un restaurant. Sur la table, il y a de la salade. Le serveur apporte du pain et une bouteille d'eau.

Histoire 2 : Une journée à la mer
Réponses possibles :
Une petite fille et son frère sont avec leur père. Ils préparent un pique-nique. Sur la table de la cuisine, il y a des sandwichs et des fruits. Ils vont manger dehors. Ils vont en voiture à la plage. Les enfants sont en vacances, ils sont heureux. Ils adorent nager dans la mer. Ils jouent au volley avec leurs amis sur la plage. Il y a du soleil, il fait chaud.

Activité 3 · Dialogue simulé p. 85
Situation 1 : Au restaurant
Réponses possibles :
– Bonjour monsieur.
– Bonjour.
– Vous avez une table pour une personne s'il vous plaît ?
– Oui, il y a cette table, à côté de la fenêtre.
– C'est très bien, merci.
– Qu'est-ce que vous voulez manger ?
– Est-ce que vous avez des hamburgers ?
– Non, nous n'avons pas de hamburgers mais nous avons des salades, des spaghettis ou du poisson.
– Je n'aime pas la salade mais j'adore le poisson ! Est-ce que vous avez des légumes ?
– Oui, avec le poisson il y a des carottes et des légumes verts.
– C'est bien, je vais prendre ce plat s'il vous plaît. Qu'est-ce que vous avez en dessert ?
– Nous avons de la mousse au chocolat ou de la tarte aux pommes.
– Je voudrais la mousse au chocolat s'il vous plaît. Est-ce que vous avez du jus de fruit ?
– Oui, nous avons du jus de pomme ou du jus d'ananas.
– Je vais prendre du jus d'ananas s'il vous plaît.
– D'accord. Votre commande arrivera dans 15 minutes.

Situation 2 : Au centre de loisirs
Réponses possibles :
– Bonjour madame !
– Bonjour !
– Je voudrais faire une activité après l'école.
– Bien sûr. Tu aimes quelles activités ?
– J'aime faire du sport et j'aime aussi le chant et le théâtre.
– Tu aimes beaucoup de choses, c'est bien ! Tu peux venir quel jour ?
– Je peux venir le mardi à 16 h, le mercredi matin à 9 h et le vendredi à 15 h.
– Alors, il y a un cours de chant le mercredi à 11 h et un cours de théâtre le vendredi à 18 h. C'est possible pour toi ?
– Le vendredi soir, c'est trop tard, je ne peux pas venir. Le mercredi c'est bien. Le cours dure combien de temps ?
– Le cours de chant dure 1 heure 30. Il finit à 12 h 30.
– D'accord. Et pour le sport, vous avez quels cours ?
– Alors, nous avons des cours de tennis, de judo, de danse et de basketball. Qu'est-ce que tu aimerais faire ?
– J'adore la danse ! Le cours est quel jour ?
– C'est le samedi de 10 h à 11 h.
– Le samedi matin, je ne peux pas venir. Il y a quel cours de sport le mardi après-midi ?
– Le mardi c'est le judo, de 16 h à 17 h. Tu connais le judo ?
– Oui, mon ami fait du judo. Je peux essayer un cours ?
– Bien sûr ! Alors, je t'inscris ?
– Oui s'il vous plaît. Et je voudrais aussi m'inscrire au cours de chant le mercredi matin.
– Très bien ! Les cours commencent la semaine prochaine.
– Merci madame, à la semaine prochaine ! Au revoir !
– Au revoir !